TRAUM UND WIRKLICHKEIT IM ANGESICHT GOTTES

TRAUM UND WIRKLICHKEIT IM ANGESICHT GOTTES

von
Dr. Naresh Bhatia

GOVINDA SAI VERLAG

Foto auf dem Einband und Fotos innen aus der englischen Originalausgabe

Copyright © der englischen Originalausgabe 1994 by Dr. N. K. Bhatia
Titel: „The Dreams & Realities Face to Face with God"
Copyright © der deutschen Ausgabe 1998 by Govinda Sai Verlag ®
Mülleranger 8, D - 82284 Grafrath bei München
Aus dem Englischen übertragen von Ulrike Wolter, Johannes G. Löbel, Marianne Lüddeckens
Einbandgestaltung: Peter Ressel, nach der englischen Originalausgabe
Textkorrektur: Vroni Bauriedl
Lektorat: Carola Nowak
Textlayout: Ulrike Wolter
Satz, Druck- und Bindearbeit: Druckerei Ernst Uhl
1. Auflage 1998
Printed in Germany

ISBN 3-930889-07-2

„Warum sich fürchten, wenn ich in der Nähe bin"
„Abhaya Hasta – die Göttliche Hand,
die Himmel in Erde und Erde in Himmel verwandeln kann"

TO MY LOVE

(for whom I searched for ages and lives)

WITH LOVE

FOR LOVE

FROM LOVE

INHALT

DANKSAGUNG

In Demut werfe ich mich nieder zu den Göttlichen Lotusfüßen meines geliebten Herrn, Bhagawan Sri Sathya Sai Baba, der mir diesen physischen Körper und die Erfahrungen von LIEBE und LEBEN gab.

Ich spreche meinen tiefempfundenen Dank meinen verehrten Eltern, Frau und Herrn Professor C. L. Bhatia, aus, die mich auf diese Welt brachten und mich mit ihrer Fürsorge und Opferbereitschaft aufzogen.

Ich übermittle meinen liebevollen Dank auch meiner Frau Poonam und unseren beiden Töchtern Shweta und Rachita für das glückselige Familienleben, das wir führen.

All meinen Verwandten und Freunden, besonders denjenigen, deren Namen und Erfahrungen in diesem Buch erscheinen, bin ich zu Dank verpflichtet für all die Wärme, die sie mir zuteil werden ließen.

Ein besonderer Dank geht an meinen liebevollen Bruder Sham und seine Frau Usha Bhabi für ihre Zuneigung, die sie mir erwiesen.

Ich möchte Frau und Herrn K. Chakravarthi, I.A.S., Registrator des Sri Sathya Sai Institute of Higher Learning, dafür danken, daß sie das Manuskript zu diesem Buch gelesen und ihren wertvollen Rat und Ermutigungen ausgesprochen haben.

Ich danke auch Frau Amita Shenoi für ihre Hilfe bei der Gestaltung des Umschlages.

Mein aufrichtiger Dank gilt Herrn Vijay C. Amin für die Hilfe beim inhaltlichen Durchlesen des Manuskriptes und für die druckreife Aufbereitung des Textes. Ich werde immer in der Schuld von Bruder Dr. Ramesh Wadhwani und Sunita Bhabi stehen für alles, was sie für mich und meine Familie getan haben.

Ich bin Bruder Hetal Damania von M/s. Sai Mudra außerordentlich dankbar, daß er dieses Buch mit so liebevoller Sorgfalt gedruckt und publiziert hat.

Meinen tiefempfundenen Dank übermittle ich Frau Reshma R. Wadhwani, die Bhagawan Baba als Sein Göttliches Instrument gesandt hat, um diesen Text zu redigieren. Ohne die vielen Stunden ihrer anstrengenden und unermüdlichen Arbeit wären meine Träume nur Träume geblieben und nie zu der Wirklichkeit geworden, die Sie in Ihren Händen halten.

Schließlich danke ich Ihnen, liebe Leser, daß Sie mir erlauben, diesen Göttlichen Nektar mit Ihnen zu teilen, meine Erfahrungen **IM ANGESICHT GOTTES**.

Dr. N. K. Bhatia

23. November 1993

WIDMUNG

*Wenn ich es wage, alles, was ich über mich weiß, niederzu-
schreiben – was mir andere mitgeteilt haben und was ich
selbst erfahren habe –, so ist es mein aufrichtiger Wunsch für
alle, daß sie über eine Person lesen, für die der Sinn des
Lebens nur LIEBE ist. Es ist die LIEBE, die aus der Tiefe der
Seele entspringt und die gesamte Schöpfung umfaßt. Die Freuden und Schmerzen, die ich in meinem ganzen Leben erfahren
habe, haben mir die Kraft gegeben, fest daran zu glauben, daß
diese LIEBE in ihrer reinsten und erhabensten Form die
wahre Kraft Gottes ist. Daher lege ich mein bescheidenes
Werk mit Gebeten und Ehrerbietungen zu den Göttlichen
Lotusfüßen von Bhagawan Sri Sathya Sai Baba, der MEIN
LEBEN, MEIN MEISTER UND MEINE LIEBE ist. Ich bete zu
meinem Geliebten Swami, Er möge mir die Kraft und Weisheit
geben, all das niederzuschreiben, an das ich mich hinsichtlich
meiner Person erinnern kann, um es mit denjenigen zu teilen,
die die Wahrheit suchen. Ich bitte darum, daß all Seine Göttliche Gnade fließen möge, damit ich dieses Werk vollenden
kann, meine Autobiographie, die ich MEINER LIEBE darbiete
und widme.*

1. Die frühen Jahre

In den frühen Morgenstunden des 27. September 1951 tauchte ich auf aus dem Schoß meiner verehrten Mutter, begrüßt von den ersten Sonnenstrahlen auf dem wundervollsten Planeten, den Gott erschaffen hat und auf den Er Selbst zu so vielen Gelegenheiten herabkam. Die Tatsache, daß ich ein Junge war, wurde nicht begrüßt, da es bereits vier ältere Brüder in der Familie gab. Mein Vater, Professor C. L. Bhatia am Government College in Ludhiana im Punjab, machte sich etwas verstört auf den Weg zur Arbeit, da er sich so sehr eine Tochter gewünscht hatte. Von Geburt an war der Allmächtige Gott sehr gut zu mir; eine gute halbe Stunde nach mir wurde meine Zwillingsschwester Meenakshi geboren. Nachdem mein Vater die frohe Botschaft erhalten hatte, tanzte er buchstäblich in seinem Klassenzimmer.

Meine Mutter gab sich große Mühe, uns drei großzuziehen – neben meiner Schwester und mir war mein nächstältester Bruder Rakshit zum Zeitpunkt meiner Geburt erst knapp zwei Jahre alt. Ein weiterer interessanter Umstand hinsichtlich meines Geburtstages ist, daß ein weiterer älterer Bruder von mir, Santosh, fünf Jahre früher ebenfalls am 27. September das Licht der Welt erblickte.

Im Schoße meiner Mutter und in der Wiege fing das Leben sich zu regen an, und ich begann, mit winzigen Schritten Meile um Meile der Reise des vor mir liegenden Lebens zu messen. Meine Mutter flüsterte mir die liebevollen Geschichten von Rama, Krishna und anderen Göttern und Göttinnen ins Ohr.

Ein besonderes Wiegenlied, das meine Mutter zu singen pflegte, „Karuna Kanja Ramya Rave", beschrieb die glorreiche Geschichte von Gott Rama. Bis zum heutigen Tag singe ich dieses Wiegenlied kleinen Kindern vor.

Im Alter von zwei oder drei Jahren fühlte ich zum erstenmal die Kraft, Macht, Gnade und Präsenz Gottes. An dem glücklichen Festtag von Janamashtami, Gott Krishnas Geburtstag, machte meine Mutter wunderbare Süßigkeiten und Delikatessen. Ich liebte diese Gerichte so sehr, daß ich lernte, sie selbst zuzubereiten, und ich richte sie jedes Jahr in meinem eigenen Hause an. Doch an diesem ersten Janamashtami, an das ich mich erinnere, fastete ich den ganzen Tag und verspürte keinerlei Hunger. Ich fühlte mich, als ob Krishna selbst, mein geliebter Gefährte aus Dwaraka, mich den ganzen Tag mit Milch, Quark und Butter gefüttert hätte. Obwohl ich nicht einen Bissen gegessen hatte, fühlte sich mein Magen ganz voll an. Um Mitternacht verwandelte sich die Gurke, die als *Prasad* dargeboten wurde, von selbst in eine Süßigkeit. Dieses Wunder vollzieht sich in unserem Haus Jahr für Jahr. Im zarten Alter von drei Jahren hatte Krishna, mein persönlicher Gott, Sich selbst in mein Herz geprägt.

Mit vier Jahren begann ich in die Schule zu gehen. Selbst in diesem jungen Alter liebte ich alle: Lehrer, Familienangehörige, Freunde. Ich begleitete meinen Vater, während er soziale Dienste verrichtete; mit meinen kleinen Händen trug ich Erde, Sand und Ziegelsteine, um beim Bau eines Freiluft-Theaters am Government College in Ludhiana mitzuhelfen. Zu dieser Zeit wurde der Samen von *Seva* in mein Herz gesät, und als er wuchs, suchte ich unaufhörlich nach Gelegenheiten, anderen in irgendeiner Form zu dienen.

Ich hatte das Glück, in der Government Model High School in Ludhiana von vorzüglichen Lehrern unterrichtet zu werden.

Unter ihrer Leitung lernte ich meine ersten Lektionen in Bildung. Ich erinnere mich, daß ich die Geschichten von vielen großartigen Führern las und inspiriert wurde, ihren heldenhaften Taten nachzueifern. So wurde auch ich in meiner Vorstellung Bhagat Singh; auch ich wurde ein Verehrer unseres geliebten Mutterlandes; um seinetwillen würde ich dem Tod ins Auge sehen. Die letzten Zeilen der Geschichte über Sokrates hallten in meinen Ohren wider: „Die Welt reicht Sokrates einen Becher mit Gift und errichtet dann Denkmäler zur Erinnerung an ihn."

So begann ich meinen Weg, mein Ziel zu erkennen ... Ich muß mein Mutterland Bharat lieben, das großartigste Land auf Erden. Ich muß ein Leben der Aufopferung, ein Leben der Reinheit, ein Leben der Güte leben. Der Philosoph in mir sehnte sich danach, die ganze Nacht über die Sterne am Himmel zu betrachten. Ich ging hinaus in den rieselnden Regen und spürte das kalte Wasser auf meinem Gesicht. In der Unermeßlichkeit der Natur suchte ich nach etwas, etwas, etwas. Dieses Etwas war LIEBE. Konnte es eine menschliche Verkörperung der LIEBE geben? Wenn dem so wäre, wie würde sie aussehen? Würde ich jemals dieses Wesen berühren, mit diesem großen Selbst reden? Die Antworten auf all diese Fragen hielt die Zeit für mich bereit.

Die Schößlinge der Religion und der Spiritualität begannen in mir zu wachsen, und ich saß und betete stundenlang vor dem Altar in unserem Hause. Das Lesen der Heiligen *Gita* und der Versuch, ihre Bedeutung zu verstehen, wurden zu einer täglichen Gewohnheit für mich. Krishna war mein Wagenlenker, und ich gab mich vollständig Ihm als meinem Meister hin.

Während der Schulzeit nahm ich an vielen Theatergruppen und außerschulischen Aktivitäten teil. Oft wurde ich als einziger Junge ausgesucht, mit der Mädchengruppe zu tanzen.

Mein Vater brachte uns zu Lagern des National Cadet Corps (N.C.C.); wir spielten auch bei den kulturellen Veranstaltungen des Colleges mit. Einmal, als mein Vater in Jammu und Kashmir war, wo er Prüfungen abnahm, wurde meine Mutter krank. Mein ältester Bruder Basant *Bhayya* übernahm die Führung des Haushaltes, und wir anderen halfen ihm dabei. Damals lernte ich persönliche Verantwortung und Selbstvertrauen.

Eines Tages erkrankte mein Großvater sehr stark an Durchfall. Meine Mutter wusch Berge verschmutzter Laken. Das war das erste Mal, daß in mir das Interesse am Dienst an der leidenden Menschheit geweckt wurde. Wenn ich heute auf mein Leben zurückblicke, verspüre ich große Befriedigung darüber, daß Gott in Seiner unendlichen Barmherzigkeit mir diese Hände geschenkt hat, die Hunderten und Aberhunderten von leidenden Mitmenschen gedient haben. Eben diese Hände haben deren Stuhl und Urin abgewaschen und ließen mich fühlen, wie ich in Frieden und Liebe in mein eigenes Selbst erhoben wurde.

Ich kann mich nicht erinnern, als Kind viel gelogen zu haben, aber an einen Vorfall erinnere ich mich in allen Einzelheiten. Als ich in der fünften Klasse war, wurde ich von einer Äffin gebissen bei dem Versuch, sie zum Essen eines Stückchens Ingwer zu zwingen. An diesem Tag hatte ich in der Schule den Grundsatz gelernt, der besagt, daß Affen den Geschmack von Ingwer nicht erkennen können, da sie ihn nie gegessen haben. Ich dachte mir, daß ich diesen Grundsatz widerlegen könnte, wenn ich einen Affen dazu bringen könnte, Ingwer zu essen. Und bei meinem Versuch wurde ich von der Äffin schlimm gebissen. Unter Tränen erzählte ich meinem Vater zu Hause, ich wäre von einem Hund gebissen worden. Mein ältester Bruder brachte mich sofort zu unserem Hausarzt, der mir schnell einige Spritzen verabreichte und meine Hand verband. Nach unserer Rückkehr nahm mich mein Vater auf seinen Schoß und fragte mich nach der Wahrheit. Ich erinnere mich, daß ich meine ersten Klapse von ihm bekam und die Wahrheit gestand. **Ich lernte, daß man den Preis für das Lügen zahlen muß. Die Wahrheit wurde mir zum Freund**. Trotzdem brach ich zu vielen Anlässen diese Freundschaft, aber nur, um es später zu bereuen und Gott um Vergebung zu bitten. Ich fragte meinen Krishna: „Liebst Du mich nicht trotzdem, selbst wenn ich ein Sünder bin?" Und mein geliebter Krishna rannte auf mich zu, umarmte mich und akzeptierte mich immer aufs neue. Er allein konnte mir bei meiner Transformation helfen. Ich vertraue darauf, daß sich dieser Prozeß fortsetzen wird, bis ich vollständig gereinigt bin.

Im Jahre 1961 wurden meine beiden ältesten Brüder Basant *Bhayya* und Lalit *Bhayya* zur indischen Armee eingezogen und fuhren weg zu ihrer Ausbildung. Mein Herz empfand schmerzlich den Kummer über diese Trennung. Ich erinnere mich, wie ich diese Trauer in meinem ersten Brief an sie ausdrückte: „*Bhayya*, ich fühle mich, als hätte man zwei wunderschöne Rosen aus unserem Garten gerissen, während die anderen Knospen noch nicht aufgeblüht sind." Der Schriftsteller in mir war erwacht und ließ mich Lieder zu Papier bringen, Gedichte erschaffen und Prosa verfassen. In diesen Augenblicken fühlte ich mich, als verleihe mir jemand – jemand, der seit mehreren Leben mit mir war – aus der Tiefe meines Herzens Kraft und ermutige mich. Der Ausdruck meines inneren Selbst entfaltete sich ununterbrochen in der einen oder anderen Form.

Im Juli 1962 wurde mein Vater in das Heilige Land Kurukshetra versetzt. Während unseres achtjährigen Aufenthaltes dort verlor ich meine Kindheit, und mein Jugend begann. Ich wurde in der Srimad Bhagavat *Gita* High School aufgenommen, und dort wurde meine Persönlichkeit geformt und gestaltet. Ich übernahm viele Aufgaben und organisierte Veranstaltungen. Ich wurde der Sekretär der *Bal Sabha* der Schule. In dieser Zeit bekam ich eine erste Ahnung von Eifersucht unter Freunden und sah, zu welcher Zerstörung sie führte. Meine Augen waren aber auf ein höheres, noch unsichtbares Ziel ausgerichtet, das mich veranlaßte, unbeirrt auf meinem Weg voranzuschreiten.

Ich erinnere mich genau an den glücklichen Tag, an dem die Ergebnisse unserer Aufnahmeprüfung für die Universität (zehnte Klasse) bekanntgegeben wurden, und ich fand meinen Namen in der Liste mit Auszeichnungen einschließlich eines Stipendiums. Während dieser Zeit hatte ich einen Freund, etwas älter als ich, der professioneller Schauspieler war. Er wollte, daß ich mit ihm zum Film ginge. Aber dieses Leben hatte mich nie gereizt. Es war wieder dasselbe Wesen, das mich aus meinem Inneren heraus unterstützte, und ich setzte meine Suche nach seiner physischen Erscheinungsform fort.

Ich erhielt die Zulassung zur Vorstufe der Universität (medizinische Gruppe) und wurde vertraut mit allem und jedem. Während meine außerschulischen Aktivitäten sogar noch zunahmen, wendete ich auch im Bereich der Hochschule jeden einzelnen Stein um. Wir unternahmen regelmäßig Ausflüge zu verschiedenen religiösen Stätten. Eine dieser häufigen Exkursionen führte nach Jyotisar, dem Heiligen Ort, an dem Gott Krishna Arjuna den Göttlichen Nektar – die Heilige *Gita* – überlieferte und ihn zu Seinem Instrument machte. Diese ewige Botschaft wurde der gesamten Menschheit für alle kommenden Zeiten geschenkt. Noch heute existiert ein Banyan-Baum, der ein Abkömmling des ursprünglichen Baumes sein soll, unter dem der Herr Seine Heilige Botschaft verkündet hat. Unter dem Baum befinden sich zwei in Marmor gemeißelte Lotusfüße, die den Ort kennzeichnen, an dem der Herr stand. Dort vergaß ich mich, küßte diese Füße und wusch sie mit meinen Tränen. Ich glaubte, dies wären die echten Füße aus Fleisch und Blut. Wie bei den *Gopikas* stiegen Wellen der Liebe aus meinem jungen Herzen auf, und ich stellte mir vor, daß mein Krishna zu mir käme und mich in Seinen Göttlichen Armen hielte. Er war mein ein und alles.

Die Abschlußprüfungen kamen, und ich sah ihnen mutig entgegen. Durch Gottes Gnade wurde mir ein weiterer froher Tag geschenkt: Ich wurde Bester in der Vorstufe zur Universität (medizinische Gruppe). Die Ehren, mit denen ich überhäuft wurde, bestärkten meinen Entschluß, den von mir eingeschlagenen Weg fortzusetzen. Ich freundete mich sehr mit meinen Klassenkameraden an. Da ich jedes Mädchen *Didi* nannte, neckten mich die Jungen oft und nannten mich „Internationaler Bruder der Studenten". Alles um mich herum vergessend, setzte ich meinen Weg fort mit Krishna als dem einzigen Weggefährten in meinem Herzen.

Im Jahre 1967 begann plötzlich eine Periode des Unglücks. Ich hatte einen sehr merkwürdigen Traum, der mich mitten in der Nacht schweißgebadet und schreiend aufwachen ließ. Unfähig zu verstehen, was da vor sich ging, verlor ich mich in mein inneres Selbst. Die Personifizierung der Reinheit und des Mitgefühls erschien mir mit einem engelhaften Gesicht und forderte mich auf, diese Göttliche Person zu einem wunderbaren Ort zu begleiten. Dieser Jemand war schon über mehrere vergangene Zeitalter und Leben bei mir gewesen und hatte mich mit wunderschönen, marmorweißen Händen mitgezogen. Dieser wiederkehrende Traum hinterließ mich jedesmal verwirrt und betäubt, und die Verwirrung, die er in meinem Geist stiftete, begann sowohl meine Gesundheit als auch meine emotionale Stabilität anzugreifen. Unfähig, diese innersten Gedanken mit irgend jemandem zu teilen, rief ich meinen Gott

Krishna um Führung an. Als aus Tagen Monate wurden, wuchs meine innere Agonie unablässig und zerstörte auch meine Konzentration beim Studium.

Ein äußerst seltsames Ereignis im Dezember 1967 ließ mich zum erstenmal die **Größe** der Wahrheit erfahren. Eines Tages kehrte ich zum Mittagessen nach Hause zurück und fand einen *Sadhu* an unserer Tür. Er sprach mit meiner Mutter, und als er mich erblickte, sagte er: „Mutter, dieser Sohn von dir wird die Höhen erklimmen. Er wird das glücklichste von all deinen Kindern sein!" Ungeduldig und hungrig auf das Mittagessen sagte ich ihm, er solle verschwinden, da er nichts von uns bekommen würde. Ärgerlich wandte ich mich meiner Mutter zu und forderte sie auf, ihn wegzuschicken und mir mein Mittagessen zuzubereiten, da ich bald ins College zurück mußte.

Meine Mutter ging ins Haus, und der Mann rief mich zu sich. Er sagte: „Ich weiß, du hast ein ungewöhnliches Problem; ich werde es lösen." Ich sagte: „Nein, ich habe kein Problem." Er fragte mich: „Hast du oftmals einen Traum, der dich sehr beunruhigt?" Meinen Zustand muß man sich vorstellen! Selbst heute noch sind alle Details dieser Szene tief in meinen Geist eingeprägt. Ich stehe auf dem Rasen unseres Hauses Nr. D-35 der Kurukshetra Universität, völlig in Schweiß gebadet. Gnädig blickte der *Sadhu* mich an und beschrieb jeden Aspekt der liebevollen Person aus meinem Traum. Er sagte mir nicht nur den Verlauf zukünftiger Ereignisse in meinem Leben voraus, sondern beschrieb auch die Personen, die in mein Leben kommen und es formen sollten. Eine der Begebenheiten, die er vorhersagte, war, daß ich an den Veranstaltungen für den Bachelor of Medicine und Bachelor of Surgery (M.B.B.S.) in diesem Jahr nicht teilnehmen könne, sondern noch zwei Jahre damit warten müsse. Genau zu diesem Zeitpunkt in meinem

Leben vertraute ich so sehr auf meine Fähigkeiten, daß ich ihm stolz entgegnete: „Selbst wenn Gott auf die Erde käme, könnte Er meine Zulassung zum M.B.B.S. nicht verhindern." Der *Sadhu* lächelte und sagte: „*Beta!* Gott wandelt bereits in menschlicher Gestalt auf Erden." Ärgerlich erwiderte ich: „Sage mir, wo Er ist! Ich werde Ihn mir greifen und Ihm sagen, daß Er die Welt verpfuscht hat. Ich werde Ihn in kleine Scheiben und Stückchen schneiden und Ihn unter dem Mikroskop untersuchen. Wo ist Er? Wo ist Gott?" Der *Sadhu* antwortete: „Gott hat in Südindien Gestalt angenommen, und du wirst **IHM AN DEINEM DREISSIGSTEN GEBURTSTAG VON ANGESICHT ZU ANGESICHT GEGENÜBERSTEHEN.**"

Wie konnte mein junger Verstand von sechzehn Jahren dies alles annehmen? Wie konnte mein Krishna in diese kummervolle Welt zurückkehren? Selbst wenn Er zurückkommen sollte, wie würde Er erscheinen? Ich konnte keine andere Gestalt als die meines Krishna akzeptieren. Die restlichen Vorhersagen des *Sadhu* waren wie folgt:

1. Mein Vater würde befördert und an einen anderen Ort versetzt werden, von dem aus ich nach zwei Jahren an dem M.B.B.S.-Programm teilnehmen würde.

2. Ich würde als Student heiraten.

3. Im Alter von neununddreißig Jahren würde sich meine berufliche Karriere plötzlich ändern.

4. Danach würde es keine weiteren Höhepunkte in weltlichen Angelegenheiten für mich geben.

5. Es würde jemand in mein Leben treten und es dramatisch verändern.

Jede einzelne Prophezeiung hat sich bisher bewahrheitet.

Im Januar 1968 wurde ich im Post Graduate Institute of Medical Sciences (P.G.I.) in Chandigarh zur Behandlung einer akuten Entzündung der Bauchspeicheldrüse aufgenommen. Mein Aufenthalt von etwa fünfundzwanzig Tagen gab mir einen Einblick in den Beruf, den ich zu ergreifen gedachte. Obwohl ich schließlich entlassen wurde, hielten die Schmerzen in meinem Bauch noch einige Monate an. Folglich waren meine Leistungen im Abschlußexamen schwach, und meine Träume vom Medizinstudium zerfielen. Den Kopf und das Herz voller Kummer, ergab ich mich Krishna und nahm mein Schicksal an. Die erste Vorhersage des *Sadhu* erfüllte sich. **Das Leben hatte mich noch eine weitere Lektion gelehrt – niemals stolz zu sein auf die eigene Intelligenz**. Meine einzige Zuflucht bestand darin, mich in das Bachelor of Science Programm (B.Sc.) einzuschreiben und die Dinge sich entwickeln zu lassen.

Ich konnte es kaum begreifen, daß meine Leibschmerzen schlimmer wurden und unheilbar blieben. Am 8. November 1968 wachte ich morgens auf, und etwas füllte meinen Mund. Sofort rannte ich zum Waschbecken und spie einen Schwall von Blut aus, und es kam noch mehr Blut nach. Ich schrie laut auf und fiel in Ohnmacht. Meine Mutter eilte mir zur Seite und fand mich nur halb bei Bewußtsein. Die Ärztin wurde gerufen. Da sie mich in einem Schockzustand vorfand, ordnete sie einige Notspritzen an und legte einen Glukose-Tropf an. Da sie die Blutung aus meiner Nase nicht stoppen konnte, empfahl sie, mich ins Krankenhaus einzuweisen. Der Tod stand mir ins Gesicht geschrieben. Wie von Sinnen lief meine Mutter zu unserem Familienaltar, warf sich nieder zu Krishnas Füßen und betete inbrünstig zu Gott, ihr Leben zu nehmen und das ihres Sohnes zu verschonen. Sie begann, die Heilige *Gita* mit all ihrer mütterlichen Kraft zu lesen. In dem Augenblick, als sie die *Gita* zu Ende gelesen hatte – alle achtzehn Kapitel –, kam die Ärztin herein und legte Nasenpackungen an. Die unsichtbare Hand Krishnas, meines Retters und Freundes, riß mich noch einmal aus dem Schlund des Todes und gewährte mir noch eine weitere Lebensspanne. Krishna offenbarte Seine Gegenwart, indem Er meine Hand hielt, als ich sie selbst nicht einmal rühren konnte. Er blieb bei mir, bis man feststellte, daß die Gefahr vorüber war und mein Zustand sich langsam besserte. Am nächsten Tag kam mein Vater mit der Nachricht von seiner Beförderung und Versetzung nach Sangrur (Government Ranbir College). So wurde eine weitere Voraussage – daß mein Vater umziehen und ich von einem anderen Ort aus am M.B.B.S.-Programm teilnehmen würde – Wirklichkeit.

Da meine älteren Brüder in ihrem Hochschulstudium steckten, zogen nur meine Schwester Meenakshi, mein jüngerer Bruder Alok und ich mit nach Sangrur um. Ich nahm am zweiten Jahr des dortigen B.Sc.-Programmes teil, doch zu meiner äußersten Bestürzung gab es ein großes Problem, was den Lehrplan betraf. Der Lehrstoff der Fächer in Sangrur war anders, und ich mußte jeden Tag darum kämpfen, mich im Studium gerade so über Wasser zu halten.

Mein Vater war derjenige, der unsere Ergebnisse bekanntgab. Als er bei meinem Namen angelangt war, schimpfte er mich öffentlich aus, indem er sagte: „Du willst Arzt werden! Du schaffst es noch nicht einmal zum Lagerverwalter." Diese Worte durchbohrten mein Herz, und mein inneres Selbst erhob sich aus seinem Schlummer. Ich stürzte mich mit solcher Intensität in mein Studium, daß ich nicht einmal merkte, wann der Morgen graute oder die Nacht sich herabsenkte.

Ich kann den Jubel nicht beschreiben, den ich empfand, als die Ergebnisse des B.Sc. bekanntgegeben wurden. Dieser Sohn Gottes hatte alle bisherigen Rekorde gebrochen und lag auf Platz eins von allen, die in der gesamten Universität ausgezeichnet wurden. Glückwünsche kamen von allen Seiten, und ich erinnere mich, daß ich mich an diesem Tag fühlte, als sei ich zehn Zentimeter größer. Es gibt keine Abkürzungen zum Erfolg, und harte Arbeit wird immer belohnt. Die folgenden fünf „W"s waren meine ständigen Begleiter:

Wishing   (Wünschen)

Willing   (Wollen)

Working   (Arbeiten)

Waiting   (Warten)

Winning   (Gewinnen)

Ich hatte das Spiel gewonnen und die hochgeschätzte „Ehrenurkunde" erhalten. Tränen der Dankbarkeit liefen über mein Gesicht, als ich die Füße meiner verehrten Eltern und Lehrer berührte. Ihre Anstrengungen und Gebete hatten uns diesen Tag ermöglicht.

Kinder müssen in einer Atmosphäre der Ehrerbietung, der Hingabe, des gegenseitigen Dienens und der Zusammenarbeit aufwachsen. Man muß sie Respekt gegenüber Eltern, Lehrern und älteren Menschen lehren. Kinder müssen im Bewußtsein der Bruderschaft der Menschen und der Vaterschaft Gottes heranwachsen.

„Sathya Sai"

2. MEINE ALMA MATER

Im Juli 1970 begann ich mit dem M.B.B.S.-Programm an einem der renommiertesten Colleges in Indien: dem Medical College in Amritsar. Während des ersten Jahres meiner Berufsausbildung, im Dezember 1971, begannen Indien und Pakistan Krieg zu führen. Als Medizinstudenten teilten wir uns in Gruppen auf, um zu den Soldaten, unseren Mitbrüdern, zu gehen und ihnen zu dienen.

Meine Liebe zu Krishna wuchs während dieses Jahres gewaltig. An meiner Wand hing ein schönes Foto meines geliebten Krishna, und ich redete stundenlang ohne Unterlaß zu Ihm. Seine liebevollen Augen teilten mir so vieles mit. Die Tage vergingen in dieser Seligkeit. Dann erschütterte uns eines Tages ein besonderes Ereignis. An der Universität hatten wir einen Lehrer, der Studenten gewohnheitsmäßig schikanierte und ausnutzte. Als die Situation ihren kritischen Höhepunkt erreichte, entschieden wir Studenten uns, die Sache selbst in die Hand zu nehmen und ihn zum Gehen zu zwingen. Diese unglückliche Episode hat mich vieles gelehrt. Ich erkannte die große Kraft der Wahrheit und die Stärke, die sie einem verleiht, wenn man ihr folgt. Ich erlebte auch den höchsten Frieden, der entsteht, wenn man in sein eigenes Selbst eintaucht.

Mein zweites Jahr brachte mich in Kontakt zu vielen Menschen, die unauslöschliche Eindrücke in meinem Gedächtnis hinterließen. Einer von ihnen war unser verehrter Universitätsdirektor Dr. Mohinder Singh Grewal – eine Institution für sich Weiterhin waren da unter anderen Dr. J. L. Bhatia, Professor und Vorsitzender der Fakultät für Erkrankungen im Brustraum und Tuberkulose, ein Pate von mir, und Frau Dr. Saroj Sanan, Professorin für Pharmakologie, von der ich sowohl mütterliche Liebe als auch spirituelle Führung erhielt. Sie war eine Anhängerin eines der größten Seher unserer heutigen Zeit, Maharshi Yogiraj Sri Aurobindo. Wir saßen oft stundenlang zusammen, meditierten und beteten. Sri Aurobindos Leben und das der Mutter ließen mich tiefer in das Reich des höheren Bewußtseins eindringen, von wo aus ich Zeit und Raum durchschauen konnte. Bevor mein spiritueller Fortschritt schneller voranschreiten konnte, als gut für mich gewesen wäre, stoppte Frau Sanan mich. Als ich die Geschwindigkeit verringerte, fühlte ich in mir ein Meer der Veränderung. Ich begriff, daß ich das Leben eines spirituellen *Sadhaka* leben und die Botschaft der LIEBE in der Welt verbreiten mußte. Ich sprach gelegentlich zu Freunden über höhere Werte, integriertes Bewußtsein, reine Liebe, Dienen und viele andere Dinge. Diese wonnevollen Tage vermehrten die Ausstrahlung meines physischen Körpers, meiner mentalen Konstitution, meiner Psyche und meines Geistes.

Wie könnte ich Dr. Rissam Harbhajan Singh vergessen? Ein Jahr älter als ich, hatte er ein kristallklares Gespür für das Selbst. Ich erinnere mich, wie wir beide die ganze Nacht beisammensaßen und den Lauf des Mondes am Himmel beobachteten, der sein Licht durch die Blätter eines riesigen Banyan-Baumes schickte. Dieser Baum wurde zum Symbol für mein Leben: Ich würde moralisch aufrichtig und fest im Glauben werden wie sein Stamm. Wie die Äste und Blätter würde ich mich ausstrecken nach Menschen an anderen Orten – durch Liebe und Dienen. Während dieser Zeit lehrte mich Mutter Natur viele Lektionen. Gott hat Seine Kraft in Gestalt der Natur gegeben, um Seinen Kindern Gesundheit, Wohlstand und Gedeihen zu schenken. Wir sollten Ihr niemals durch unsere Gier Schaden zufügen.

Rissam *Bayya* war der Sekretär unseres Literaturforums am College, und ich hatte das Privileg, als zweiter Sekretär Dienst zu tun, wurde späterhin Sekretär und dann Beirat auf Lebenszeit. Das Literaturforum, das alle Aktivitäten außerhalb des Lehrplans sowie kulturelle Ereignisse innerhalb der Universität umfaßte, enthüllte viele versteckte Talente. Die Menschen um mich herum wunderten sich, wie eine Person allein so viel tun konnte. Aber ich fühlte immer jemanden in mir, der mich antrieb.

Ich stürzte mich am College in alle Arten von Aktivitäten – kulturelle, akademische und sportliche. Außerhalb des Colleges engagierte ich mich außerdem bei sozialen Diensten, indem ich in Dörfer fuhr und Gesundheitsvorsorge leistete. Dadurch, daß ich die Ärmsten der Armen liebte und mir Gott in ihnen vorstellte, konnte ich ein überwältigendes Gefühl der Ausdehnung über die gesamte Menschheit entwickeln. Ich fühlte, wie ich alles und jeden in der Schöpfung liebte.

Ein Bach des riesigen Flusses der Liebe, der in mir strömte, entwickelte sich für einen meiner Studienkameraden. Er war der Sohn eines ehemaligen Professors von mir und zwei Jahre jünger als ich. Als seine Eltern ihn am Medical College einschrieben, vertrauten sie ihn mir an und baten mich, ihn wie einen jüngeren Bruder zu behandeln. Tatsächlich war dies die Art von Liebe, die ich immer für ihn empfand. Zufälligerweise sah er mir äußerlich ähnlich, so daß viele uns für leibliche Brüder hielten. Da er den Versuchungen der Jugend nicht widerstehen konnte, ging mein Freund einigen unguten Gewohnheiten nach. Meine Versuche, ihm beim Ändern seiner Richtung zu helfen, dienten nur dazu, ihn von mir fort zu treiben. Unsere Meinungsverschiedenheiten nahmen einen solchen Umfang an, daß unsere Freundschaft völlig zerbrach. Da ich so an ihm gehangen hatte, konnte ich den Verlust nicht ertragen. Ich wurde ein emotionales Wrack und entschied mich schließlich, mein Leben zu beenden.

Ich wollte mich mit einem elektrischen Stromstoß töten, aber in dem Augenblick, in dem ich den Schalter anknipste, fiel der Strom aus. Ich dachte daran, mich zu verbrennen, aber dieser Versuch scheiterte ebenso. Dann beschloß ich, mich zu erhängen, griff meinen Ledergürtel, band ihn um meinen Hals und sprang. Der Gürtel riß. Mir war, als ob mich jemand kräftig ohrfeigte und sagte: „Du bist dazu bestimmt, für Mich zu leben und zu arbeiten – sei kein Narr. Du kannst nicht sterben." Es war keine Menschenseele zu sehen. Die Vernunft kehrte in mich zurück, und ich entschied mich, zu leben und das Leben mutig anzugehen. Ich erkannte, wie der Mensch sich in seine eigenen dummen Schöpfungen verwickelt und Fehler begeht. Aber **was Gott bestimmt, das geschieht.**

Ich mußte häufig zwischen dem College in Amritsar und meinem Zuhause in Sangrur pendeln. Auf einer dieser Fahrten griff ich an einem Bücherstand zufällig nach einem Buch von Howard Murphet mit dem Titel *Man of Miracles* (Mann der Wunder). Auf dem Einband war ein Bild eines Inders mit langem lockigem Haar. Der Besitzer des Bücherstandes sagte mir, ich müsse über Sai Baba lesen, der den Anspruch erhebt, eine Inkarnation Gottes zu sein. Ich lachte laut auf und spottete über den Besitzer, aber meine Neugier siegte, und Minuten später verließ ich den Stand mit dem Buch in meiner Hand.

Als der Bus sich in Bewegung setzte, begann ich zu lesen und war bald verwirrt, als ich las, daß dieser Mann sich selbst als Rama, Krishna und alle sonstigen früheren Inkarnationen Gottes bezeichnete. Zuletzt war er als Shirdi Sai Baba geboren worden. Ich konnte nicht glauben, daß mein Krishna in menschlicher Form auf dieser Erde leben und sich bewegen sollte. Als ich sechs Stunden später Sangrur erreichte, hatte ich ungefähr zweihundert Seiten des Buches gelesen. Ich fühlte in mir einige sonderbare Empfindungen. Unfähig zu entscheiden, was ich in bezug auf diesen Mann tun sollte, übergab ich mich dem Willen MEINER LIEBE, der LIEBE, die mich in Stunden der Prüfung und Aufregung stets aufrecht gehalten hatte, der LIEBE, die mir wie mein eigener Schatten überallhin folgte, der LIEBE, die immer für mich sang, der LIEBE, die mir ununterbrochen Kraft und Ermutigung schenkte. Ich zog mich nach innen zurück und begann darüber nachzusinnen, ob Bhagawan Sri Sathya Sai Baba wirklich mein Krishna sein könnte. Ein Gefühl des Friedens und der Ruhe kam über mich, wenn ich an Sai Baba dachte, aber es sollten noch viele Jahre und viele Prüfungen vorübergehen, bevor ich Ihn akzeptierte als **alles in meinem Leben.**

Schulbildung ist nicht nur für **Ahara** *und* **Ananda** *da, um seinen Lebensunterhalt zu verdienen oder Bequemlichkeit genießen zu lernen.* **Sie ist da, um die göttlichen Eigenschaften** Viveka, Vairagya *und* **Vichakshana** *zu aktivieren, um in jedem Individuum die stabilisierenden Tugenden von* **Shanthi, Sathya** *und* **Dharma** *durch das Blühen von* **Prema** *zu sichern.*

„Sathya Sai"

3. FAMILIE

Obwohl ich aufrichtig glaube, daß wir alle Teil der Göttlichen Familie sind, und ich die Gefühle von Liebe und Achtung gegenüber allen, mit denen ich in Berührung komme, pflege, muß ich doch von einigen Vorfällen erzählen, die meine gottgegebene, unmittelbare Familie betreffen – meine Frau Poonam und meine beiden Töchter Shweta und Rachita. Ich sage gottgegeben, denn alle drei sind wahrhaftig Geschenke Gottes. Swami hat wirklich jeden Aspekt meines Familienlebens durchdrungen, beginnend mit meiner Hochzeit.

Die erste Woche im März 1974 war eine stürmische Zeit in unserem Medical College. Trotz der Atmosphäre von Chaos und Düsterheit, die wegen eines kürzlich erfolgten unaussprechlichen Verbrechens herrschte, blieb ich ruhig wie der Fels in der Brandung. Inmitten von alledem sah ich sie. Ein orangefarbenes Gewand erschien vor meinen Augen und wies mich an: *„Sie ist für dich."* Da ich Sai Baba zu diesem Zeitpunkt bereits kannte, befolgte ich Seine Anweisungen genau. Am 8. Juli 1974 erhielt ich meine geliebte Poonam zur Frau. Und eine weitere Prophezeiung des *Sadhu* wurde Wirklichkeit: Ich heiratete noch als Student – etwas, das ich mir vorher nie hätte vorstellen können. Die Plötzlichkeit meiner Heirat verursachte natürlich einige Unbehaglichkeit in meiner Familie, aber mein fester Entschluß, Poonam zu heiraten, kam niemals ins Wanken.

Der Tag, von dem jeder Mann träumt, dämmerte für mich am 12. September 1975. Um genau 16:15:08 Uhr öffnete der Schrei eines wunderschönen kleinen Mädchens die Himmels-

tore für mich. Sie würde mich „Papa" nennen. Als ich ihr den
ersten Kuß ihres Lebens gab, liefen mir Tränen der Dankbarkeit und Freude über die Wangen. Als sich die freudige Nachricht verbreitete, erhielt ich herzliche Glückwünsche von allen
Seiten. Eine der liebevollsten Segnungen kam von meiner
Patin, Frau Sanan. Sie sagte zu mir: „Naresh, ich bin heute
Großmutter geworden; Reinheit ist in dein Haus gekommen;
nenne sie *Shweta*." Und so wurde unsere Tochter auch genannt. Die Distanz, die sich zwischen meinen Eltern und uns
entwickelt hatte, verminderte sich langsam, und ihre Besuche
bei ihrer Enkelin markierten den Wendepunkt unserer gefühls-
mäßigen und physischen Trennung.

Im April 1976 erhielt Poonam ihre Stelle als Zahnärztin im
Civil Hospital in Abohar, während ich noch den praktischen
Abschnitt meiner Ausbildung in Amritsar zum Abschluß
brachte. Ich konnte Amritsar nicht verlassen, und Poonam
wollte ihre Chance in Abohar nicht versäumen. Schließlich
mußte ich den Schmerz der Trennung von meiner Frau und
meiner geliebten Tochter für die nächsten eineinhalb Jahre
ertragen. Erst am 29. September 1977 wurde ich wieder mit
meiner Familie vereint, als auch ich in Abohar eine Stelle als
Militärarzt in der E.S.I. Krankenstation bekam. Eines meiner
Lebensziele, deren Erreichung ich mir innigst wünschte, wurde an diesem Tag erfüllt – ich begann als frischgebackener
Arzt zu praktizieren, um die Menschheit zu lieben und ihr zu
dienen.

Während meiner Arbeit in Abohar erhielt ich eine einzigartige
Gelegenheit. Die Eiserne Lady Indiens, die inzwischen ver-
storbene Indira Gandhi, erkrankte plötzlich, als sie unsere
Gegend besuchte, und ich hatte das Glück, daß ich dazu
ausgesucht wurde, sie zu pflegen. Ich hatte das Privileg, mit
ihr zu frühstücken, und erhielt ihr Autogramm auf meinem

Schreibblock. Niemals bin ich einer so gütigen Dame begegnet, mit diesem aristokratischen Charme, den sie besaß.

Der 3. Januar 1980 ist ein weiterer Tag, den ich nie vergessen werde. Ein dichter Nebel bedeckte die ganze Landschaft, als wir gegen acht Uhr früh die Nachricht erhielten, daß sich ein schrecklicher Unfall ereignet hatte, an dem ein Bus und ein Auto beteiligt waren. Eine Person starb auf der Stelle, und zwei weitere befanden sich in einem kritischen Zustand. Ich wollte mich gerade in einem Krankenwagen auf den Weg machen, als der Bus mit den Verletzten eintraf. Wir alle waren wie betäubt, als wir erfuhren, wer die Opfer waren: Einer von ihnen war Herr Sajjan Jakhar, der Sohn von Choudhury Balram Jakhar, der Kandidat bei den bevorstehenden Wahlen war. (Die Regierung der Janta Partei war zurückgetreten, und die Lok Sabha Wahlen waren für den 5. Januar angesetzt.) Herrn Sajjans Nackenbereich war vom Kopf bis zur Brust völlig zerschmettert, nicht ein einziger Knochen war heil geblieben. Das andere Opfer war der Schwager von Herrn Sajjan und ein sehr guter Freund von mir, Herr Rai Singh Kaswan.

Wir eilten mit Herrn Sajjan in den Operationssaal und begannen mit Wiederbelebungsmaßnahmen. Ein Ärzteteam aus dem Armee-Krankenhaus sowie einige ortsansässige Spezialisten waren ebenfalls anwesend. Alle Versuche, den Verletzten wiederzubeleben, schlugen fehl. Mit Handzeichen fragte mich mein früherer Oberarzt nach dem Zustand des Patienten. Ich gab ihm zu verstehen, daß weder Puls noch Herzschlag vorhanden waren; die Atmung hatte aufgehört; die Pupillen waren erweitert und ohne Reaktion. Mit Tränen in den Augen ging er hinaus, und ich hörte ihn draußen weinen. Irgendeine Kraft in mir trieb mich an, zu Baba zu beten, Er möge diesen edlen Sohn unseres Landes retten. Sogar seine Gegner hatten immer seine demütige und ehrenhafte Art respektiert. Er liebte mich immer wie ein älterer Bruder. Wenn er sterben sollte, würden wir alle einen großen Verlust erleiden.

Nachdem wir ihm Medikamente in sein Herz injiziert und mit der Herzmassage begonnen hatten, kämpften wir einige Minuten damit, ihn künstlich zu beatmen. Zu unserem äußersten Erstaunen begann sein Herz ganz von allein zu schlagen. Wir schlossen ihn an ein manuelles Beatmungsgerät an und beteten weiter für ihn. Sein Blutdruck und sein Puls kehrten zurück, und wir trafen Vorbereitungen, ihn ins Christian Medical College nach Ludhiana zu überführen, damit seine schwere Kopfverletzung behandelt werden konnte. Aufgrund des starken Nebels konnte kein Hubschrauber landen, und so mußten wir uns auf die Autostraße verlassen, um eine Strecke von etwa zweihundertvierzig Kilometern zurückzulegen.

Wir machten uns auf den Weg, aber nach etwa vierzig Kilometern war das Beatmungsgerät verklemmt. Es gab keine andere Alternative für mich, als ihm für den Rest der Fahrt – etwa viereinhalb Stunden – Mund-zu-Mund-Beatmung zu geben. Nur Baba konnte mir die Kraft gegeben haben, Ludhiana sicher zu erreichen. Der Vater von Herrn Sajjan war bereits am Krankenhaus angekommen und erwartete unsere Ankunft. Der leitende Arzt sagte zu ihm: „Danken Sie diesem jungen Arzt, der Ihren Sohn so tapfer hierher brachte." Als mich der hünenhafte, 1,98 Meter große Choudhury Balram Jakhar Ji umarmte, hatten wir beide Tränen in den Augen. Ich sagte zu ihm: „Mein Herr, nicht ich bin es, der Ihren Sohn hierher brachte, sondern mein Bhagawan. Sie werden sehen, Sie werden der nächste Sprecher des Lok Sabha sein, und Herr Sajjan wird der nächste Abgeordnete von Abohar sein." Die Wahlen zum Lok Sabha hatten noch nicht stattgefunden, und die für das Abgeordnetenhaus im Punjab waren noch nicht in Sicht. Aber irgendeine Kraft in mir veranlaßte mich, diese Aussage zu treffen.

34

Ob Sie es glauben oder nicht, die Angaben bewahrheiteten sich zu hundert Prozent. Choudhury Balram Jakhar gewann die Wahlen mit einem außergewöhnlich großen Vorsprung. Er wurde zum Sprecher gewählt und behielt diese Position für die nächsten zehn Jahre. Sein Sohn, Herr Sajjan, erholte sich nach einem sechsmonatigen Krankenhausaufenthalt und wurde bei den Wahlen von 1981 der nächste Abgeordnete von Abohar. Die Liebe dieser Familie tut meinem Herzen immer noch sehr wohl. Herr Sajjan ist nun Minister im Punjab, und sein Vater ist unser Bundesminister für Landwirtschaft. Choudhury Sahib war inzwischen in Prashanti Nilayam und hat Swamis Segen erhalten.

Meine Frau und ich waren sehr beschäftigt mit unserer jeweiligen Arbeit und mit unserer Tochter, und so flog die Zeit dahin, wie es ihre Art ist. Während des Sommers 1980 erwartete Poonam unser nächstes Kind, und mein einziger Gedanke zu dieser Zeit war es, mich um sie zu kümmern. Ich wollte ihr Glück und ihr Wohlergehen während der Schwangerschaft sicherstellen. Nachdem unsere kostbare zweite Tochter, Rachita, am 27. Februar 1981 geboren wurde, gingen Poonam und die Mädchen für ein paar Monate zu meinen Schwiegereltern.

Während dieser Zeit leitete ich ehrenamtlich einen Kurs für Studenten der Homöopathie. Da meine Familie nicht da war, konnte ich mehr Freizeit mit meinen Studenten verbringen. Acht von ihnen, vier junge Männer und vier junge Frauen, kamen zu mir nach Hause, wo ich sie stundenlang unterrichtete. Sie alle waren sehr aufgeweckte und höfliche Studenten. Da ich allein war, halfen sie mir beim Kochen und im Haushalt. Sie wurden eine kleine Familie für mich. Zwei Schwestern unter ihnen waren mir besonders nahe. Eines Tages, als die jüngere von beiden zu mir sprach, fragte ich sie plötzlich, ob sie ein Problem mit dem Herzen habe. Überraschenderweise antwortete sie, daß sie tatsächlich einen Herzfehler habe und oft unter Atemnot und anderen Symptomen leide. Ich hatte nichts davon bemerkt, aber etwas in mir hatte mich veranlaßt, sie zu fragen. Ich wies sie an, Vertrauen in Krishna zu haben und täglich ein Kapitel der Heiligen *Gita* zu lesen. Da ich die *Gita* täglich lese, lud ich alle zu mir ein, um zuzuhören. Innerhalb eines Monats fing der Zustand der jungen Frau sich zu bessern an, und sie wurde vollkommen gesund. Gott in Seiner unendlichen Barmherzigkeit heilte dieses liebenswerte Kind.

Ich litt an Übersäuerung und einem Geschwür im Verdauungstrakt, das mir schlimme Bauchschmerzen verursachte. Meine Studenten waren die einzigen, die da waren, um sich um mich zu kümmern. Einmal spuckte ich so viel Blut, daß meine Studenten Verbindung zu meiner Frau aufnahmen. Ich wollte Poonam keinen Kummer bereiten, da sie sich schon um zwei kleine Mädchen kümmern mußte. Trotzdem kam sie und blieb bei mir, bis ich mich besser fühlte. Zu dieser Zeit grassierte das Dengue-Fieber in Abohar, und auch ich fiel ihm zum Opfer. Meine Temperatur stieg bis auf über 40 °C, und ich fiel in ein Delirium. Meine Studenten nahmen wieder Kontakt zu meiner Frau auf. Als sie eintraf, stand ich bereits unter der Wirkung starker Medikamente und war völlig orientierungslos. Schwere Herzrhythmusstörungen und ein schwankender Blutdruck machten mir zu schaffen. Ich befand mich in tiefster Verzweiflung – sowohl geistig als auch körperlich. Niemand konnte nachvollziehen, unter was für einem Trauma ich litt.

Gott Selbst bestätigte und segnete unsere Heirat. In unserem allerersten Interview, am 21. September 1981, war das erste, was Swami bei unserem Eintreten fragte: „Doktor, was gibt's Neues?" Da dies unser erster physischer Kontakt mit Swami war, war ich überrascht, wie Er wissen konnte, daß ich Arzt war. Ich antwortete: „Alles in Ordnung." Er fragte mich: „Wer hat dir gesagt, daß du sie heiraten sollst? Es war Swamis Anordnung." Ich erinnerte mich an das orangefarbene Gewand und Swamis damalige Worte: *„Sie ist für dich."* Er fuhr fort: **„Ich kenne deine Vergangenheit, Gegenwart und Zukunft. Ich kenne die Vergangenheit, Gegenwart und Zukunft eines jeden."** Baba legte dann jedem von uns eine Hand auf den Kopf und sagte: „Geht und lebt ein sehr glückliches, langes Leben."

Da dies unsere erste Reise nach Puttaparthi war, sahen wir uns einige der Sehenswürdigkeiten an. Eine der wichtigsten war Swamis Geburtsort, an dem ein Shiva-Tempel erbaut worden war. Ich saß da, ganz erfüllt von der Schönheit der Shiva-Statue, die genau an der Stelle errichtet worden war, an der das Kind den Boden berührt hatte. Rachita, die damals erst ungefähr sieben Monate alt war, saß auf meinem Schoß. Als sie eine Banane sah, die auf dem Altar lag, machte sie Armbewegungen zum Zeichen, daß sie diese Banane wollte. Ich fragte den Priester, ob Rachita sie haben könne, aber er lehnte rundheraus ab. Ich versuchte meine Tochter zu beruhigen, aber es nützte nichts; je mehr ich es versuchte, desto mehr weinte sie. In meinem Herzen betete ich zu Bhagawan: ‚Ein kleines, unschuldiges Kind möchte Dein *Prasad*. Macht es einen Unterschied, ob Du es ißt oder ob sie es ißt?' Während ich betete, wirbelte die Girlande, die um Gott Shivas Kopf gelegt war, im Kreis herum, zerriß in zwei Teile und flog durch die Luft, um auf uns zu landen. Der Priester deutete dies als ein Göttliches Zeichen, das Mädchen mit der Banane zu segnen, und er bot sie uns an.

Im Juli 1982 machten wir unsere nächste Reise zu Bhagawans Lotusfüßen. Auf dem Weg nach Puttaparthi hielten wir in

Hyderabad, um den Shiva-Tempel zu sehen. Dr. Ashok Gupta, einer meiner Kollegen, und seine Familie begleiteten uns auf dieser Reise. Die Türen des Tempels waren geschlossen, aber auf unser aufrichtiges und beharrliches Bitten hin willigte der Hausverwalter ein, sie für uns zu öffnen. Als er die Türen öffnete, sahen wir ein wunderschönes Bild von Swami an der gegenüberliegenden Wand. In dem Augenblick, in dem wir eintraten, begann Rachita sich auf dem Boden zu wälzen und stieß aus: „Baba, Baba, Baba ..." Sie fuhr etwa vierzig Minuten damit fort, sich wie in Trance über den ganzen Boden zu bewegen. Da sie erst eineinhalb Jahre alt war, hatte Rachita noch nicht zu sprechen angefangen. Wir sahen diesen Vorfall als den Zeitpunkt an, an dem Swami ihr die Gabe der Sprache verlieh. Der Hausverwalter sagte uns, Rachita müsse eine sehr edle Seele sein, die in unsere Familie hineingeboren worden sei. Ich stimmte ihm zu, da Swami Rachita auf unserer letzten Reise über alle Maßen gesegnet hatte. Kleine Kinder, für die die rauhe Wirklichkeit der Außenwelt noch nicht begonnen hat, bleiben erfüllt von der heiteren Wirklichkeit des Göttlichen.

Unser Hochzeitstag näherte sich, und ich war zuversichtlich, daß Swami uns an diesem Tag zu sich rufen würde. Ich erwähnte dies mehrmals gegenüber Dr. Gupta. Am Morgen des 8. Juli 1982, unseres Jahrestages, kam Swami während des *Darshan* nie in unsere Nähe. Dr. Gupta stichelte: „Wo ist Ihr Glaube an Swami nun?" Ich antwortete: „Sir, der Abend-*Darshan* kommt ja noch." So fest war mein Glaube. Am Abend ließ Swami die Männerseite ganz und gar aus. Wieder neckte mich Dr. Gupta: „Was nun?" Innerlich rief ich laut zu Swami: ‚Swami, Du sagst, daß alle Frauen Deine Töchter sind und zu ihrer Mutter nach Hause gekommen sind. Wenn Poonam Deine Tochter ist, dann bin ich Dein Schwiegersohn. Ist das die traditionelle indische Art und Weise, einen Schwieger-

38

sohn zu Hause zu begrüßen zu einem so glücklichen Anlaß wie seinem Hochzeitstag?' Genau in diesem Augenblick drehte sich Swami um, kam direkt auf mich zu und sagte aus einiger Entfernung, auf mich deutend: „Heute ist dein Hochzeitstag. Komm." Glücklich stand ich auf und sagte zu Dr. Gupta: „Das ist Glaube." Als sie mich auf die Veranda zugehen sahen, kamen auch Poonam und Rachita. Shweta war nirgends zu finden. Statt dessen kam Dr. Guptas Tochter, die bei Poonam gesessen hatte, mit ihnen. Auf der Veranda fragte Swami, auf Dr. Guptas Tochter deutend: „Wer ist sie?" Ich antwortete: „Swami, eines Freundes Tochter." Er wiederholte: „Freundes Tochter." Swami fragte mich: „Wo ist deine ältere Tochter?" Ich antwortete: „Swami, ich weiß es nicht." Ich fühlte mich traurig, daß Shweta diese goldene Gelegenheit verpassen würde. Plötzlich wies Swami darauf hin: „Sie kommt." Shweta rannte beinahe zu uns, und Tränen strömten über ihr Gesicht.

Wir betraten den Interviewraum, und Swami sprach über gewisse spirituelle Angelegenheiten. Als wir an der Reihe waren, den inneren Interviewraum zu betreten, ging ich zur Seite, um meiner Frau und meinen Töchtern den Vortritt zu lassen. Swami kommentierte: „Gütig." Swami informierte diejenigen, die im äußeren Interviewraum warteten: „Sie haben heute ihren Hochzeitstag." Als Er zu uns hereinkam, sagte Er nochmals: „Heute ist euer Hochzeitstag." Ich sagte: „Ja, Swami." Der Göttliche Vater und die Göttliche Mutter, die höchste Macht, legte Seine linke Hand auf meinen Kopf und Seine rechte Hand auf den Kopf meiner Frau und sprach: „Ich segne euch. Ihr habt ein sehr glückliches, langes und blühendes Eheleben." Dreimal wiederholte Er diese segensreichen Worte. Was können wir mehr erbitten? Gott Selbst segnete Seine Kinder.

Swami weiß wahrhaftig alles über uns, selbst die kleinsten Einzelheiten aus unserem Leben. Am 9. Dezember 1983 hatten Sham und ich ein erstaunliches Interview mit Swami. Sham ist mein teuerster und liebster Freund, der ein eigenes Kapitel verdient. Swami sprach zu uns beiden fast zwei Stunden und fünfundvierzig Minuten lang. Er erzählte jedes kleine Detail unserer Leben in bezug auf unsere Heirat und unser Eheleben. Wir waren beide verblüfft, wie detailliert Swami alles enthüllte. Ich fragte Baba: „Wieso weißt Du alles über uns?" Swami lächelte und beschrieb die Lage und das Aussehen unseres Hauses in Abohar. Er sagte: „In eurem Schlafzimmer, in einer bestimmten Ecke, steht ein kleiner Tisch. Auf diesem Tisch ist eine Lampe, und unter der Lampe steht Swamis Foto." Er beschrieb präzise Seine Haltung auf dieser Fotografie. „Auf diesem Foto ist Swamis Gesicht, und in diesem Gesicht befinden sich ZWEI AUGEN. Diese Augen beobachten und sehen alles, was dort passiert."

Es gibt ein sehr seltsames Geheimnis hinsichtlich meiner Familie. Während derselben Reise nach Puttaparthi mit Sham im Dezember 1983 saßen wir beim *Darshan*, als Swami zu uns kam. Er fragte mich: „Wo ist der Sohn?" Ich wußte nicht, auf was oder wen Er sich bezog, da ich nur zwei Töchter hatte. Deshalb fragte ich: „Swami, welcher Sohn?" Ich dachte, daß Swami vielleicht nach Sham fragte. Ich deutete auf ihn und sagte: „Er ist da, Baba." Aber Baba sagte nochmals: „Nein, nicht er. Wo ist dein Sohn?" Ich war vollkommen verwirrt. Nur Swami wußte, wovon Er sprach. Es gab für mich keine Möglichkeit, das Rätsel zu lösen.

Am nächsten Tag kam Swami wieder auf mich zu: „Wo ist dein Sohn?" Ich antwortete: „Swami, ich weiß es nicht." Dann fragte Er: „Wo sind deine Töchter?" Ich antwortete: „In Abohar." Er fragte: „Wo?" Ich sagte: „Swami, im Punjab, in Abohar." „Und wo ist deine Ehefrau?" Meine Antwort: „Swa-

mi, in Abohar, zusammen mit den Kindern." Mit einem schelmischen Grinsen fragte Baba: „Wo ist deine zweite Ehefrau?"
Ich sagte: „Swami, ich habe keine zweite Ehefrau." Er bewegte sich, als wenn Er gehen wollte, und drehte sich dann nochmals um: „Wann wirst du abreisen?" Ich antwortete: „Swami,
am vierzehnten (Dezember)." Er sagte: „Oh, am vierzehnten."
Ich betete aus ganzem Herzen um Segen, bevor wir abreisen
mußten, und er kam auch in Gestalt unseres langen und aus-
führlichen Interviews mit Bhagawan am 9. Dezember.

Am dritten aufeinanderfolgenden Tag fragte Swami: „Wo ist
die Ehefrau?" Wieder antwortete ich: „Swami, in Abohar."
„Nein, wo ist die zweite Ehefrau?" „Swami, nirgends." Er
sagte: „Nein, nein. Sie sitzt dort (und deutete zur Frauenseite).
Sie ist aus Amerika gekommen." Er lächelte, lachte, segnete
mich und ging weiter, ein Meer von Gedanken erzeugend, das
meinen Verstand mit Unordnung und Verwirrung überflutete.
Ich wollte Ihn ernsthaft fragen: „Bhagawan, was soll das
alles?" Ich konnte nur meinen Gott anflehen: Swami, bitte
prüfe mich nicht mehr; meine Schwelle ist schon überschrit-
ten, an Deinen Lotusfüßen zu weinen.

4. Prüfungen und Qualen

Ich habe im Leben viele gute Tage gesehen, aber auch einige schlechte, von denen viele im Zusammenhang mit meinem Beruf und meiner Laufbahn stehen. Über die ganze Zeit hinweg habe ich mein Bestes getan, den Glauben an Gott zu bewahren und daran, daß alles zu meinem Besten geschieht. Im nachhinein kann ich nun sehen, daß die Dinge so geschehen mußten, wie sie geschahen. Aber während der Stunden der Verzweiflung erschien alles sehr öde. Nur Bhagawan verlieh mir die Kraft, meine Prüfungen und Qualen durchzustehen.

Meine Probleme begannen gleich im College. Die Tatsache, daß ich vom M.B.B.S.-Programm wegen einer akuten Entzündung der Bauchspeicheldrüse für zwei Jahre zurückgestellt wurde, ist bereits erwähnt worden. Bevor ich das Medical College verließ, sah ich mich einer weiteren riesigen Hürde gegenüber. Zum erstenmal in meinem Leben erfuhr ich einen akademischen Mißerfolg. Ich konnte meine M.B.B.S.-Abschlußprüfung nicht beim ersten Versuch bestehen. Während des praktischen Teils der Prüfung in Medizin, meinem Lieblingsfach, verärgerte ich meinen Prüfer. Ich diagnostizierte den Patienten – wie erwartet – korrekt und untermauerte meine Antwort sogar noch, indem ich das Lehrbuch zitierte. Trotzdem war es nicht die Diagnose, die er erwartete oder hören wollte, und so gab er mir sehr schlechte Noten. Die Folge war, daß ich weitere sechs Monate warten mußte, bis ich die Prüfung wiederholen konnte. Ich akzeptierte mein Schicksal still, da Poonam unser erstes Kind erwartete und ich mich auch um ihre Gesundheit kümmern mußte.

Während meines Dienstes als Militärarzt im Civil Hospital in Abohar hatte ich einen persönlichen und fachlichen Streit mit einem meiner Vorgesetzten. Das Ergebnis war, daß ich am 27. September 1980 in das Dorf Dharangwala versetzt wurde. Da ich in Abohar einen sehr guten Ruf hatte, waren viele Menschen beunruhigt, als sie von meiner Versetzung erfuhren. Besonders mein guter Freund Vijinder war ganz bekümmert. Er war so verstört, daß er gelobte, sich das Leben zu nehmen, falls ich abreisen sollte. In aller Aufrichtigkeit beruhigte ich Vijinder und überzeugte ihn davon, daß sein Tod keine Antwort auf mein Dilemma sei. Wieder einmal akzeptierte ich den Willen Sais und begann in dem Dorf Dharangwala zu arbeiten. Ich richtete mich in diesem Dorf ganz nett ein, und mit Hilfe der Dorfbewohner verbesserten wir das Aussehen der Krankenstation. Ungefähr acht Monate später wechselte ich zurück nach Abohar.

Im Dezember 1981 erhielt ich die Anweisung, meine Stelle als Lehrer in der pathologischen Abteilung des Medical College in Patiala anzutreten. Da ich immer davon geträumt hatte, Chirurg zu sein, war mir das Gebiet der Pathologie nie in den Sinn gekommen. Außerdem war ich nicht erpicht darauf, Abohar zu verlassen. Poonam überzeugte mich aber davon, daß ich die Gelegenheit nicht verpassen dürfe, meinen Facharzt in Medizin (M.D.) abzuschließen. Zumindest sollte ich versuchen herauszufinden, welche Aussichten ich dort hätte. Zögernd bestieg ich den Bus nach Patiala, um den zukünftigen Lauf der Dinge zu enthüllen. Nach meinem Besuch in Patiala hatte ich folgende Optionen:

1. am Medical College in Patiala anzufangen und mich auf Pathologie zu spezialisieren;

2. die Pathologie abzulehnen und für zwei Jahre ausgeschlossen zu werden, bis ich mich auf ein anderes Gebiet spezialisieren könnte;

3. für zwei bis drei Jahre an einem M.S.-Kurs in Chirurgie ohne Gehalt teilzunehmen.

Nach dem Abwägen der verschiedenen Vor- und Nachteile entschied ich mich für die erste Möglichkeit, jedoch ohne großen Enthusiasmus. Etwas in mir hielt mich zurück: mein Ego. Immer wieder zog ich die zweite Möglichkeit in Erwägung – abzuwarten und mich dann auf Chirurgie zu spezialisieren.

Am 21. Dezember 1981, als meine Frau schon zur Arbeit gegangen war, lag ich auf dem Sofa und starrte auf das gesegnete Bild von Baba. Ich dachte an die Karriereentscheidungen, die es zu treffen galt, und fühlte mich ziemlich verzweifelt. Mir stiegen die Tränen in die Augen, und ich gab mich einfach in Swamis Hände. Voller Barmherzigkeit erschien Er mir und sagte: „Warum nicht Pathologie? Swami hat dich dorthin geschickt. Es gibt so viele Arbeiten, die du tun willst – eine Autobiographie schreiben, und dann willst du noch ein weiteres Buch schreiben. Und dann eines über die *Gita*, und dann über dieses und jenes. Wenn du in die Chirurgie gehst, wirst du dann Zeit haben, all das zu schreiben oder zu tun, was du möchtest? Swami wird dir jeden Tag um vierzehn Uhr frei geben, und dann kannst du alles tun. Geh in die Pathologie."

Das war der Augenblick der Entscheidung, der Anweisung, des Auftrags von Swami. Er allein weiß, was für uns das beste ist. Ich schrieb an meine Schwägerin mit der Bitte, eine geeignete Unterkunft für mich in Patiala zu finden, und teilte ihr mit, daß ich am 25. Dezember, an Weihnachten, in Patiala ankommen würde, um meine Pläne umzusetzen. Als mir mei-

ne Schwägerin mitteilte, daß sie einen Platz gefunden habe –
Haus Nr. 27 –, sagte ich sofort zu. Zwei plus sieben ist die
Göttliche Zahl Neun; mein Geburtstag ist der 27. September,
der neunte Monat des Jahres. Sogar Swami billigte das Haus,
denn das war der Ort, an dem Er uns Seine *Leelas* zeigen
würde.

Ich lebte recht glücklich in Patiala, bis es Anfang 1983 zu
Problemen in meiner Abteilung kam. Es gab einen Macht-
kampf zwischen zwei Professoren. Die Studenten der Ausbildung zum Facharzt hatten die Einstellung und die Handlungen
eines der Professoren satt, und sie ersuchten nun höhere Stellen um Hilfe, um ihre Karrieren zu retten. Der Druck, mich für
eine Seite zu entscheiden, wurde so groß, daß ich schließlich
aufgab und mich meinen Kollegen gegen einen der Professoren anschloß. Meine Karriere hing vom Ausgang dieses Kamp-
fes ab, und er verursachte mir viel Streß und Angst. Zur
gleichen Zeit bekam unsere ältere Tochter Vitiligo (Scheck-
haut, Pigmentmangel – Anm. d. Übers.), was unsere Sorgen
nur noch vermehrte. Daß ich von meiner Familie getrennt
lebte, machte die Sache nicht besser, und so versuchte ich zu
erreichen, daß meine Frau von Abohar nach Patiala oder
irgendwo in die Nähe versetzt würde. Der Versuch schlug fehl,
und mein einziger Erfolg war, daß sie sogar aus Abohar fort
mußte. All dies lastete schwer auf meiner Seele.

Ich erfuhr, daß es einen Trainingskurs für eine Bal-Vikas-
Gruppe III in Prashanti Nilayam geben würde, und ich wollte
bei den Göttlichen Lotusfüßen sein, um Seinen Segen zu
erhalten. Swami segnete mich reichlich während dieser Reise.
Ich saß da und sann über Swamis Erhabenheit nach, während
ich Bände voller Gedichte schrieb. Diese Verse stiegen aus der
Tiefe einer sehnsuchtsvollen Seele auf, die das schmerzvolle
Verlangen nach der Höchsten Seele in Worte faßte. Ich

wünschte mir, daß Bhagawan mir die Einwilligung zur Veröffentlichung dieser Werke geben möge, und Er erteilte sie voller Gnade am 11. und 19. August.

Nach meiner Rückkehr nach Patiala stellte ich fest, daß die Dinge an der Hochschule noch schlimmer standen als zuvor. Von beiden Seiten wurden viele Anschuldigungen erhoben, und eines schönen Tages erfuhr ich, daß meine Bewerbung für die Zulassung als M.D. (Doctor of Medicine – Anm. d. Übers.) aus fadenscheinigen Gründen abgelehnt worden war. Ich konnte diese Nachricht nicht glauben. Mein Appell an den zuständigen Beamten wurde beiseite geschoben. Alle meine Träume und Hoffnungen wurden mit einem Schlag zunichte gemacht. Es gab kein Licht am Ende dieses dunklen Tunnels des Elends – es blieb mir gar keine Hoffnung mehr. Es gab keine andere Wahl, als mein Schicksal zu akzeptieren, zu akzeptieren und nochmals zu akzeptieren.

Ich stürzte mich in dienende Tätigkeiten. Zu dieser Zeit war ich der Blutbank des Medical College in Patiala zugeteilt. Mit Babas Gnade war ich nahezu jedem durch meine Ergebenheit und Hingabe lieb geworden. Ich reiste zu verschiedenen Orten, um Lager für freiwillige Blutspenden zu organisieren, und stellte fest, daß dies eine der aufregendsten Erfahrungen war. Ich entschied mich, den Rest meines Lebens der Bewegung für freiwilliges Blutspenden zu widmen. Mein brennendes Herz erhielt etwas Trost, und neue Wege erlaubten es mir, meine Energie in etwas Fruchtbares und Lohnendes zu lenken. Mit Bhagawans Gnade weitete sich meine Aufgabe aus, trug Früchte und brachte mir viele Erfolge und Ehrungen. Trotzdem fühlte ich immer, daß die beste Auszeichnung, die man bekommen konnte, **die Kraft** war, die nächste soziale Arbeit anzugehen. Diese Art zu denken gab mir den Mut, weiterzumachen; aber der fehlende Abschluß als Facharzt schmerzte mich weiterhin irgendwo tief in meinem Inneren. Das, was nicht geheilt werden kann, muß erduldet werden.

In unserem Interview im Dezember 1983 fragte mich Swami nach der Situation im Punjab. Ich sagte zu ihm: „Bhagawan, es ist sehr schlimm." Swami sagte: „Ja, ja, es ist alles schmutzige Politik dort." Ich fragte: „Bhagawan, was sollten Sai Devotees unter solchen Umständen tun?" Swami sah mich stirnrunzelnd an und antwortete: „Gibt es irgendwelche besonderen Sai Devotees? **Alle, die an Gott glauben und beten, sind meine Devotees. Ich bin Sarva Naam Sarva Dev Swaroop. Ich bin der Eine mit jedem Namen und jeder Gestalt.**" Was für eine große Wahrheit offenbarte mir Bhagawan.

Dann erzählte ich Ihm mit großer emotionaler Erregung alles, was meine Ablehnung als M.D. betraf. Ich hatte so viele Jahre lang so viel Zeit und harte Arbeit investiert, nur damit es mir in einer Minute weggenommen wurde. Swami nahm liebevoll meine Hand in die Seine und sagte: „Welcher M.D.? Was meinst du mit M.D.? M.D. bedeutet M.A.D., M.A.D., M.A.D. (englisch mad = verrückt, Anm. d. Übers.)! Jeglicher weltliche Titel und Ruhm ist nichts als Ego, Verrücktheit, und sonst nichts. Wenn Swami bei dir ist, wozu brauchst du einen M.D.? Sorge dich nicht, Swami wird sich darum kümmern." Viele meiner angestauten Frustrationen machten sich an diesem Tag Luft. Meine Last war mir vom Herrn abgenommen worden. Als ich vor Swami weinte, liebte und tröstete Er mich.

Im Mai 1990 brachen Unglück und Schrecken über Abohar herein. Dreißig Menschen wurden von Terroristen niedergeschossen, und vierzig weitere wurden verwundet. Dieser tragische Zwischenfall berührte jeden. Der Gouverneur von Punjab und mehrere höhere Regierungsbeamte eilten zum Ort des

Geschehens, und die Bürger informierten sie über viele unmoralische und unsittliche Vorfälle im Krankenhaus. Der Gouverneur war so bekümmert, daß er sofort den Minister für Gesundheit und Familie nach Abohar entsandte, um eine offizielle Untersuchung einzuleiten. Die Mindeststrafe, die er ins Auge faßte, war eine Versetzung aller Ärzte unseres Krankenhauses. Es wurde uns erlaubt, unseren bevorzugten Zielort anzugeben, damit er uns, falls möglich, dort einsetzen konnte. Als alle Ärzte den Raum verließen, betete ich in aller Demut zu Swami: ,Baba, Du weißt genau, mit welcher Aufrichtigkeit ich hier gearbeitet habe. Ich habe so hart gearbeitet, daß ich in den letzten drei Jahren nicht einmal zu Dir kommen konnte. Ist das Gerechtigkeit, die ich dafür erhalte, daß ich gute Arbeit leiste?' Ich war der letzte Arzt, der hinausging, und ich fragte den Minister: „Sir, hat irgend jemand eine Beschwerde gegen mich vorgebracht?" Er antwortete: „Nein, Dr. Bhatia. Tatsächlich hat jede Delegation, die ich traf, Ihre Dienste nur gelobt." Ich fuhr fort: „Dann, Sir, weshalb diese Bestrafung für mich? Es macht mir nichts aus, versetzt zu werden, wo auch immer Gott wünscht, daß ich Seinen Menschen diene, aber was werden die neu eintreffenden Ärzte denken, wenn sogar Bhatia hinausgeworfen wurde? Niemand ist sicher." Als ich meine Versetzungspapiere erhielt, sah ich erstaunt, daß ich gar nicht versetzt wurde, sondern ich wurde gebeten, neben meinen anderen Pflichten die Verantwortung für die Blutbank zu übernehmen. Der neue Chefarzt, Dr. V. K. Bassi, der Facharzt für Chirurgie, Dr. V. P. Sethi, und seine Frau, Dr. Sarla Sethi, eine berühmte Geburtshelferin und Gynäkologin, waren alle Swamis Devotees. Zusammen begannen wir den Ruf unseres Krankenhauses wiederherzustellen. Während dieser Zeit hatte ich das Glück, auf Distrikt- und Staatsebene viele Preise zu erhalten. Ich war der einzige Arzt im Staat, der ein

Preisgeld in Höhe von 3.000 Rupien vom Gouverneur von Punjab erhielt. Ernsthaft dankte ich Bhagawan dafür, daß Er Seine Gnade über uns ausschüttete.

Du mußt vier Arten von Stärke entwickeln. Stärke des Körpers, des Intellekts, des Unterscheidungsvermögens und des Benehmens. Dann wirst du unerschütterlich; du bist auf dem Wege des spirituellen Sieges.

„Sathya Sai"

5. DER GÖTTLICHE ARZT

Als wissenschaftlichen Forschern und von Natur aus rationalen Wesen fällt es uns schwer, Wunder zu erklären. Nach dem Gesetz der Logik sollte alles, was im menschlichen Körper geschieht, eine wissenschaftliche Basis haben. Besonders Ärzte sehen es gern als ihr Verdienst an, Menschen zu heilen und Leben zu retten. Oftmals jedoch geschehen Dinge, die wir medizinisch einfach nicht erklären können. Ich, der ich selbst Arzt bin, habe mehrere solcher Wunder persönlich erlebt. In diesen Fällen können wir uns nur der Barmherzigkeit des Göttlichen Arztes ergeben.

Während meiner Tätigkeit unter Dr. Sanan arbeitete ich äußerst hart. Es gab Tage, da war ich der einzige im Hause anwesende Arzt, der sich um fast achtzig Patienten kümmern mußte. Mehrere Tage nacheinander war ich so beschäftigt, daß ich kaum aß oder schlief. Mein Bart war gewachsen, und ich konnte mich nicht erinnern, wann ich das letzte Mal eine volle Mahlzeit zu mir genommen hatte. Eines Tages kam ein Patient namens Paramanand Gokul aus Mangalore als Notfall auf unsere Station. Er hatte einen Nierenstein und litt unter extremen Schmerzen. Während ich ihn untersuchte, bemerkte ich ein dreieckiges Medaillon aus Aluminium, in das Swamis Gesicht geprägt war, um seinen Hals. Seine Röntgenaufnahme enthüllte einen riesigen, geweihförmigen Nierenstein. Er versicherte mir, daß er sich keine Sorgen mache, da der Stein von allein abgehen würde. Ich lachte ungläubig.

Später kam er in mein Büro und fragte mich, ob ich ein Devotee von Swami sei. Ich erwiderte: „Nun, ich kann nicht behaupten, daß ich ein Devotee von Swami bin, aber ich bewundere Ihn und glaube, daß Er ein übernatürliches Phänomen ist." Herr Gokul bekannte, daß er ein glühender Anhänger von Baba sei. Er fuhr fort, indem er einige seiner Erlebnisse erzählte. Er berichtete mir, daß Baba ihm auf den Kopf zu gesagt habe, daß in seinem Körper eine „Steinfabrik" sei. Die Steine würden sich bilden und auf natürlichem Wege ohne Schwierigkeiten abgehen. Mein medizinischer Verstand weigerte sich, diese Erklärung zu akzeptieren. Der Stein in seiner Niere war so groß, daß er, wenn er auf natürliche Weise abginge, Herrn Gokuls Harnröhre aufreißen würde. Er erzählte mir auch über die Diabetes seiner Mutter. Sie hatte überall am Körper Eiterbeulen bekommen und trotz verschiedener Behandlungsmethoden keine Erleichterung gefunden. Swami materialisierte eine Schüssel mit *Kheer* für sie und ließ sie es trinken. Von diesem Tag an verschwand ihre Diabetes, und sie war vollkommen geheilt. Ein anderes Mal folgte Herr Gokul Swami tagelang ohne Essen oder Wasser. Swami rief ihn und tadelte ihn. Dann produzierte die Göttliche Hand ein halbes Kilo *Khoya* – noch heiß von der Pfanne – und bat ihn, es zu essen. Herr Gokul empfand es als äußerst unangenehm, vor Swami zu essen. Er bat Swami, daran teilzuhaben, aber Swami antwortete: „Iß du es. Ich bekam viel Milch und Milchprodukte während meiner Krishna-Avatarschaft. Jetzt fühle ich mich nicht danach, solche Dinge zu mir zu nehmen."

Ich bat Herrn Gokul, mich zu meinen Eltern zu begleiten, damit sie seine Erfahrungen mit Swami ebenfalls hören könnten. Ich war so bezaubert von seinem Medaillon, daß ich ihn bat, es mir zu geben. Er antwortete: „Bruder, dies ist Swamis materialisiertes Medaillon, und es ist nur für mich. Doch ich werde einige Bhajans singen und dann zu Swami beten. Wenn Er einverstanden ist, werde ich es Ihnen geben." In unserem Haus sang Herr Gokul stundenlang allein Bhajans und bemerkte nicht, wie die Zeit verging. Ich schaute plötzlich auf, und es war beinahe 22 Uhr. Mit seinen wunderbaren Bhajans hatte er uns alle vollkommen in Swamis Liebe getaucht. Nach den Bhajans sagte er mir, daß Swami ihm erschienen wäre und gesagt hätte: „Nein, dieses Medaillon ist für dich. Ich werde Dr. Bhatia rufen und ihm viel bessere Dinge geben." Selbstverständlich glaubte ich ihm damals nicht, sondern meinte, daß er sein Medaillon nicht teilen wollte. Doch ich sprach meine Gedanken nicht aus.

Zum erstenmal seit fast einer Woche bekam ich eine köstliche, hausgemachte Mahlzeit. Ich war so zufrieden, daß ich sofort einschlief, um erst am nächsten Morgen um sechs Uhr aufzuwachen. Ich hatte das Krankenhaus am Vorabend verlassen. In der sicheren Annahme, daß eine Katastrophe auf der Station stattgefunden haben mußte und meine Entlassungspapiere bereits unterwegs waren, machte ich mich schnell fertig, rasierte mich und eilte zum Krankenhaus. Automatisch betete ich innerlich zu Swami: „Swami! Bitte rette mich. Ich war so damit beschäftigt, mit Deinem Devotee nur über Dich zu sprechen ..."

Zu meinem äußersten Erstaunen begrüßte mich die Schwester vom Dienst, als ich die Station betrat, und erzählte mir, daß zum erstenmal seit Tagen sogar der Nachtdienst geruht habe, da es keinen Notfall gab und auch alle postoperativen Fälle behaglich ruhten. Ich ging auf mein Zimmer und dankte Swami still. Tränen der Dankbarkeit stiegen mir in die Augen, weil Gott mir zum erstenmal seit einer Woche erlaubt hatte, für mehrere Stunden tief zu schlafen, richtig zu essen und ein erfrischendes Bad zu nehmen. Ich kehrte verjüngt zu meiner

Arbeit zurück. Ich weiß, daß, wenn ich in dieser Nacht nicht geschlafen hätte, ein Blutgefäß in meinem Gehirn aus Mangel an Schlaf und Essen geplatzt wäre.

Aber Wunder hören niemals auf. Herr Paramanand Gokul kam zu mir mit einem großen Stein mit drei hervorstehenden Enden. Er informierte mich: „Doktor, das ist herausgekommen." Ich sagte ihm, das sei unmöglich. Ich bat ihn, seine Kleidung abzulegen, und untersuchte seine Harnröhre – keine wie auch immer geartete Verletzung. Auch die Röntgenaufnahme zeigte, daß der Stein abgegangen war. Dieses Erlebnis versetzte meinem Innersten einen so heftigen Stoß, daß ich für mehrere Stunden in MEINER LIEBE versank. Um mich an dieses wunderbare Ereignis zu erinnern, behielt ich diesen Stein für viele Jahre.

Einmal entdeckte die Frau meines älteren Bruders Santosh *Bhayya*, Indu *Bhabi*, einen Knoten in ihrer Brust. Nachdem sie ihn dem Arzt gezeigt hatte, wurde ihr gesagt, daß eine Biopsie vorgenommen werden sollte, um zu bestimmen, ob der Tumor bösartig war. Jeder in der Familie begann sich zu sorgen und betete ernsthaft zu Bhagawan. Da ich zu der Zeit im Krankenhaus in Amritsar arbeitete, verließen sie sich auf mich, um die notwendigen Tests und den Papierkram zu erledigen. Der Termin für ihre Biopsie wurde vereinbart. In der Nacht vor ihrer Einweisung beteten wir alle zu Swami für ihr Wohlergehen. Als sie am nächsten Morgen im Krankenhaus ankam, fühlte Indu *Bhabi* irgendwie, daß der Knoten verschwunden war. Die Ärzte untersuchten sie und waren selbst erstaunt darüber, wie der Tumor über Nacht verschwunden war. Dieser Vorfall bestärkte meinen frühen Glauben an Swami.

1976 hatte mein ältester Bruder Basant *Bhayya* einen mehrfachen Bandscheibenvorfall und litt furchtbar. Alle Behandlungen versagten, und er beschloß, sich einer zweiten Operation auszusetzen. Während dieser Zeit hatte ich einen Traum, in dem mich Swami in Sein Zimmer nahm. In der liebevollsten und mitfühlendsten Gestalt der Mutter Parvathi sagte Er zu mir: „Keine Operation für deinen Bruder. Ich werde ihn ohne diesen Eingriff heilen. Herr Sharma wird ihm helfen." Am nächsten Tag wurde mir von meinen Eltern mitgeteilt, daß etwas passiert war. Wir erhielten am Abend ein Telegramm mit dem Inhalt: „Operation verschoben." *Bhayyas* Operation wurde in letzter Minute verschoben, und er wurde aus dem Militärkrankenhaus in Delhi entlassen.

Nach ein paar Tagen brachte jemand *Bhayya* in einen yogischen Ashram, wo er von einer Gruppe von orthopädischen Spezialisten und Yoga-Experten untersucht wurde. Aber sie lehnten seine Behandlung ab. Traurig ging er fort – die Muskeln seines rechten Oberschenkels begannen schon zu schwinden. Plötzlich tippte ihm jemand auf die Schulter und stellte sich als Herr P. N. Sharma vor. Er fragte meinen Bruder, ob er bereit wäre, sich unter seiner Leitung einer Yoga-Behandlung zu unterziehen. (Mein Bruder wußte zu diesem Zeitpunkt noch nichts von meinem Traum.) Herr Sharma erklärte ihm die möglichen Gesundheitsrisiken – Lähmung und vielleicht Tod –, aber mein Bruder gab sofort seine schriftliche Einwilligung. Durch Swamis Gnade erzielte die Behandlung innerhalb von sieben Tagen positive Resultate. *Bhayyas* Zustand verbesserte sich derart, daß er in die körperliche Kategorie der Klasse „A-1" zurückgestuft wurde. Kein Mediziner kann erklären, wie sein Muskelschwund umgekehrt wurde. Ich weinte hemmungslos vor dem Foto des liebenden Sai Ma auf unserem Altar. „Dankbarkeit" ist ein zu kleines Wort, um all das auszudrücken, was ich fühlte. *Mittlerweile hatte mich Baba vollständig „GEWONNEN". Er begann, in meinem Herzen zu leben als mein Busenfreund, Führer, Lehrer und GOTT.* Obwohl das schmerzliche Verlangen nach meinem geliebten Krishna anhielt, gelang es mir, beide Formen Gottes miteinander zu verschmelzen.

Swamis Vibhuti ist möglicherweise das stärkste Allheilmittel, das es je gab. Ich habe einige besondere Vorfälle mit eigenen Augen gesehen, und von Hunderten habe ich durch andere gehört. Meine erste Begegnung mit der wunderbaren Heilkraft von Swamis Vibhuti fand statt, als meine Mutter eine Hautkrankheit bekam – eine Hitzeallergie. Ihr Zustand wurde so ernst, daß selbst normale Alltagsaktivitäten wie Kochen und der Gebrauch von heißem Wasser ihre Haut verschlimmerten. Trotz der verschiedenen Behandlungen durch viele Spezialisten erfuhr meine Mutter keine Linderung. Mehrere Monate vergingen. Eines Tages brachte ihr mein Onkel mütterlicherseits – selbst ein berühmter Arzt – Swamis Vibhuti mit und empfahl ihr, etwas auf die Haut zu tun und auch ein wenig davon zu essen. Er pflegte uns viele Geschichten von Swami und Seinen Wundern zu erzählen, aber wir glaubten ihm nie und spotteten über seine Wundergeschichten. Meine Mutter dachte, es könne zumindest nicht schaden, das Vibhuti zu probieren, da ihr nichts anderes geholfen hatte. Innerhalb von Tagen verschwand die Allergie vollständig und kam nie wieder. Da dies das erste Mal war, daß ich gesehen hatte, wie Swamis Vibhuti Wunder wirkte, war es der Grundstein für meinen Glauben an Ihn.

Während unserer ersten Reise nach Puttaparthi, am 18. September 1981, hatte Shams Frau Usha starke Bauchschmerzen. Ich verabreichte ihr Medizin, aber sie litt weiterhin. Die Schmerzen wurden so heftig, daß sie nicht einmal zum Abend-*Darshan* gehen konnte. Swami kam zu Sham und mir in die Reihe und fragte Sham: „Wo ist deine Ehefrau? Im Zimmer? Ich weiß, es geht ihr nicht gut." Und zum erstenmal sah ich aus der Nähe, wie Swami Vibhuti aus Seiner Hand materialisierte. Swami streute es in Shams Hand für Usha. Kaum hatten wir ihr das Vibhuti gegeben, erholte sie sich vollständig.

Wie ich bereits erwähnt habe, litt ich unter Übersäuerung und einem Geschwür im Verdauungstrakt. Obwohl mir die Ärzte zu einer Operation des Geschwürs rieten, lehnte ich ab, da ich mir sehr wohl der Komplikationen bewußt war, die nach der Operation auftreten konnten. Während unseres ersten Interviews mit Swami war ich der einzige, der beim Eintreten kein materialisiertes Vibhuti erhielt, und ich fühlte mich ein bißchen traurig. Als Er aus dem inneren Interviewraum trat, kam Swami direkt zu mir und sagte: „Du hast kein *Prasad* bekommen." Ich antwortete: „Ja, Swami." Er wirbelte kräftig Seine Hand herum und brachte eine sehr große Kugel Vibhuti hervor, ungefähr so groß wie ein Tennisball. Ich öffnete meine Hände, um es zu empfangen, aber Er sagte: „Nein, öffne deinen Mund." Er legte Seine linke Hand unter mein Kinn, und mit Seiner rechten Hand streute Er das Vibhuti direkt in meinen Mund. Das Vibhuti schmolz gleich in meinem Mund und wurde direkt absorbiert. Dann schlug mir Swami auf die Brust und den oberen Bauch und sagte (auf mein Herz und meinen Magen deutend): „Geh. Alle beide werden in Ordnung sein." Von diesem Tag an hatte ich keinerlei Herz-, Blutdruck- oder Magenprobleme. So werden selbst Ärzte von dem Göttlichen Arzt geheilt.

Am 25. September 1981 saß ich in der Reihe zum *Darshan*, als mir Gedanken über Herrn S. Dharam Singh, einen meiner Patienten in Dharangwala, in den Sinn kamen. Es war 8:50 Uhr. Er hatte schwere Diabetes, und unsere Bemühungen, seine Krankheit unter Kontrolle zu bekommen, nützten nichts. Er bekam Diabetesgeschwüre an seinen Füßen, die zu Brand in beiden Beinen bis hinauf zu den Knien führten. Bevor ich nach Prashanti Nilayam kam, hatte ich ihn bereits an das Medical College in Amritsar geschickt, damit seine Beine amputiert würden, um sein Leben zu retten. Während ich in der *Darshan*-Reihe saß, dachte ich gerade daran, daß ich Herrn Dharam Singh nach meiner Rückkehr ohne Beine in einem Rollstuhl vorfinden würde. Augenblicklich stiegen Gebete für ihn aus meinem Herzen auf. Während ich betete, kam Swami direkt auf mich zu und fragte: „Was denkst du gerade? Denkst du an Dharam Singh?" Dann materialisierte Er Vibhuti für Dharam Singh und sagte mir, daß er gesund sein werde.

Nach meiner Rückkehr bat ich meinen Bruder, mich zu Dharam Singh zu fahren, damit ich ihm das Vibhuti geben konnte, das Swami für ihn schickte. Mein Bruder sagte zu mir: „Nishi, du wirst niemals glauben, was geschehen ist." Ich dachte, daß der arme Mann vielleicht den Schock, seine beiden Beine zu verlieren, nicht ertragen hatte und dem Tode schnell erlegen war. Mein Bruder sagte, ich solle gehen und mich selbst überzeugen. Als wir im Krankenhaus ankamen, fand ich Dharam Singh auf seinem Bett sitzend, seine untere Körperhälfte war zugedeckt. Als ich das Laken entfernte, war ich starr vor Staunen, als ich sah, daß beide Beine unversehrt waren. Zuerst dachte ich, es seien prächtige künstliche Beine, die jemand erfunden habe. Aber es waren seine eigenen Glieder.

Ein einzigartiges Wunder ereignete sich *in Punjab* am 25. September 1981 morgens um 8:50 Uhr. Genau zu diesem Zeitpunkt, als Swami auf mich zukam und mich in Prashanti Nilayam nach Dharam Singh fragte, kamen zwei Ärzte zu dem diensthabenden Arzt im Medical College in Amritsar und stellten sich als deutsche Ärzte vor. Sie sagten, daß sie Untersuchungen an Diabetes-Patienten mit Brand an den unteren Gliedmaßen durchführten. Nachdem sie sich mit den Einzelheiten von Dharam Singhs Fall vertraut gemacht hatten, verschrieben sie eine Behandlung, die in den nächsten sieben bis zehn Tagen befolgt werden sollte. Wenn es dem Patienten nicht besser ginge, würden sie mit der Amputation fortfahren. Einer der Ärzte war klein mit lockigem Haar, der andere war ein großer, alter Mann mit einem Bart. Dharam Singhs Operation wurde verschoben und die neue Behandlung angewandt. Die deutschen Ärzte verschwanden, und niemand sah sie je wieder oder hörte von ihnen. Die Ergebnisse sah ich mit eigenen Augen. Alle Geschwüre heilten, der Brand verschwand, und die Beine wurden beinahe normal. Ich kann das Glück nicht in Worte fassen, das Dharam Singh ausdrückte. Nach der Beschreibung dieser beiden Ärzte kann es sich anscheinend um niemand anderen gehandelt haben als Shirdi Sai und Sathya Sai Baba. Die Göttlichen Ärzte vollbrachten ein höchst erstaunliches Wunder.

In dem Zug, der uns von unserer ersten Reise nach Puttaparthi nach Hause brachte, trafen wir einen Herrn aus Delhi. Er war Vorsitzender der Arya Samaj Vereinigung in Delhi. Arya Samajisten glauben nicht an die Theorie von *Avataren* oder menschlichen Erscheinungsformen Gottes. Zufällig war er Herzpatient und Diabetiker. Als er unsere Erfahrungen mit Swami mitbekam, wurde er buchstäblich zur Furie. Er sagte: „Nein. Kein Gott kann jemals in menschlicher Form erscheinen." Ich fragte ihn: „Sir, würden Sie zustimmen, daß das gesamte Universum durch den bloßen Wunsch Gottes erschaffen wurde?" Er antwortete: „Ja." Ich fuhr fort: „Glauben Sie auch, daß diese gesamte Schöpfung nur durch Seinen Wunsch und Befehl weiter existiert? Selbst ein Grashalm bewegt sich nicht ohne Seinen Wunsch." Er antwortete wiederum zustimmend. Dann fragte ich ihn: „Sir, glauben Sie, daß jeder Atemzug, den Sie tun, nur aufgrund Seines Wunsches geschieht?" Er antwortete: „Ja, ja." Ich sagte: „Sir, wenn alles als ein Resultat Seines Wunsches geschieht, warum können Sie dann nicht glauben, daß es Sein Wunsch sein kann, menschliche Gestalt anzunehmen und unter uns zu weilen?" Und dies ist genau, was Bhagawan Sri Sathya Sai Baba gesagt hat: „Der *Avatar* kommt und benimmt sich wie ein menschliches Wesen, so daß wir uns Ihm verwandt fühlen. Plötzlich erhebt Er sich in Seine übermenschlichen Höhen, damit die Menschheit ebenso danach streben kann, diese Höhen zu erreichen." Aber der Mann war nicht überzeugt. Er fuhr fort, seine Ansicht darzutun. Ich dachte mir, es sei besser, ihn in seinem Glauben zu belassen, als unsere Zeit und Energie in Streitereien zu verschwenden.

Nach einiger Zeit fing er an, sich unwohl zu fühlen und ein Schwächegefühl zu bekommen. Obwohl er sofort seine Medikamente einnahm, verbesserten sie seinen Zustand nicht. Sein Gesicht wurde blaß und fahl, er schwitzte übermäßig, und sein Puls war schwach geworden. Wir versuchten, es ihm so bequem wie möglich zu machen, aber sein Gesichtsausdruck verriet die Agonie, in der er sich befand. Plötzlich nahm ich das Vibhuti heraus, das Swami vorher für mich materialisiert hatte, und streute etwas in seinen Mund und rieb den Rest auf seine Brust, da ich annahm, daß er eine Herzattacke hatte. Innerhalb von Sekunden war der Zustand des Mannes wieder normal – er lachte und redete, als sei nichts geschehen. Er sagte, er habe sich wie gewürgt und erstickt gefühlt, als etwas angenehm Linderndes in seinen Mund hineinkam, das seinen ganzen Körper erfrischte und verjüngte. Er fühlte sich, als habe ihm eine hohe Persönlichkeit durch diesen Zeitraum großer Schwierigkeiten und des nahenden Todes geholfen. Als jemand ihm erzählte, daß ich ihm Swamis Vibhuti in den Mund gestreut hatte, war er vollkommen sprachlos und entschuldigte sich, daß er schlecht über Swami gesprochen hatte. Auf der Stelle akzeptierte er Swami als Gottes Inkarnation und bat Ihn um Vergebung. Er bat uns, ihm etwas mehr Vibhuti und ein Foto von Swami zu geben. Wir taten ihm den Gefallen, und er verbeugte sich tatsächlich vor diesem Foto. Ich hoffe, daß sein Herzenswandel bleibend und von Dauer war.

Während unserer zweiten Reise nach Puttaparthi im Juli 1982 reiste ich mit mehreren Sai-Brüdern im Zug: V. K. Kapoor, unserem damaligen Landespräsidenten, Ramjan Jain, dem Leiter der Welt-Bhajan-Zusammenkunft, Major R. K. Bhardwaj, Y. P. Sahni und Ranjan Jains Sohn Basant – einem Studenten von Swamis College. Während der Reise entwarfen Herr Kapoor und ich einen Plan für Sai-Aktivitäten in Punjab für die nächsten drei Jahre. Um circa 15:30 Uhr kam Major Bhardwaj angerannt und bat mich, sofort mit ihm zu kommen, da jemand Basant in einem Vorort von Bhopal mit einem großen Stein getroffen hatte. Basant blutete sehr stark. Ich hatte keine Erste-Hilfe-Sachen bei mir, um die Blutung zu stillen. Ich nahm Swamis Vibhuti-Päckchen aus Basants Tasche, streute etwas in die Wunde und gab etwas in seinen Mund. Dann drückte ich fest auf die Wunde und hob seinen Arm. Nach ungefähr fünf Minuten kam mein Begleiter, Dr. Gupta, mit einem Erste-Hilfe-Kasten, aber inzwischen hatte die Blutung vollständig aufgehört, und Basant ging es viel besser. Swami reduzierte die Verletzung und den daraus resultierenden Schaden auf ein Minimum. Basants Armbanduhr hatte einen Aufkleber mit Swamis Bild. Das Geschoß, das durchs Fenster geflogen war, hatte Swamis Kopf auf diesem Aufkleber getroffen, und das deutete darauf hin, daß Swami den Stoß abgefangen hatte. Das Uhrenarmband war ebenfalls gebrochen und hatte Basant so vor einer fatalen Verletzung bewahrt. Später sagte ich zu Basant, daß die Narbe an seinem Handgelenk ihn immer an die Gnade Babas erinnern würde.

Als ich in Patiala lebte, begann meine Schwiegermutter an Unterleibsproblemen zu leiden. Eine Biopsie wurde vorgenommen, und der Histopathologe vermutete einen bösartigen Tumor in ihrer Gebärmutter. Um unnötige Panik unter den Familienmitgliedern zu vermeiden, verbreitete ich diese Information nicht. Der Gynäkologe empfahl eine Entfernung der Gebärmutter, aber da meine Schwiegermutter anämisch war, mußten sie damit warten, bis die Konzentration ihres Hämoglobins zugenommen hatte. In der Zwischenzeit sagte ich ihr, daß sie Swamis Vibhuti einnehmen solle. Anfangs war sie einverstanden und nahm es täglich. Nach ein paar Wochen hörte sie jedoch damit auf. Swami erschien ihr im Traum und fragte sie, warum sie aufhörte, Sein Vibhuti einzunehmen. Er wies sie an, jeden Tag etwas auf ihre Stirn zu geben und ein wenig davon zu essen. Sie gehorchte Seinen Anordnungen. Ich vertraute darauf, daß Swami sie geheilt hatte, aber der Arzt wollte die Entfernung der Gebärmutter durchführen. Sie wurde vorgenommen, und die späteren Berichte deuteten auf keinen wie auch immer gearteten Tumor in ihrer Gebärmutter hin.

Mein Schwiegervater war herzkrank, und es ging ihm nicht gut. Einmal hatte er extreme Brustschmerzen, und meine Schwiegereltern riefen uns an und baten mich, einen Kardiologen von Abohar nach Fazilka – ihrem Wohnort – zu bringen. Nachdem ein Elektrokardiogramm durchgeführt worden war, diagnostizierte der Kardiologe, daß mein Schwiegervater unter einem akuten Myokardinfarkt litt. Er fing sofort mit einer Notbehandlung an, und der Zustand meines Schwiegervaters stabilisierte sich.

Nachdem der Kardiologe gegangen war, fiel der Blutdruck meines Schwiegervaters auf 40 mm Hg (systolisch) ab, und der diastolische Wert war nicht meßbar. Obwohl sich drei Ärzte im Haus befanden (Poonams Bruder und Schwester waren beide Ärzte) und wir mehrere Spritzen verabreichten, half ihm nichts. Sein Blutdruck blieb weiterhin sehr niedrig, und ich war sicher, daß er jeden Augenblick einen irreversiblen Schock erleiden würde. Poonams Mutter ist eine sehr edle und gottesfürchtige Dame, die die ganze Situation sehr mitnahm. Das letzte Mittel, das ich noch bei mir hatte, war Swamis Vibhuti. Ich gab meiner Schwägerin etwas, damit sie es in den Mund meines Schwiegervaters streuen und auf seine Brust reiben sollte. Skeptisch nahm sie es an und gab meiner Bitte nach. Ich vertraute darauf, daß das Vibhuti meinen Schwiegervater durch diese Krise bringen würde, und so war es auch. Sein Blutdruck blieb die ganze Nacht über bei 40 mm, aber er blieb bei Bewußtsein und munter. Als am nächsten Morgen der Kardiologe kam, war er sprachlos, als er von den Einzelheiten des Zustandes meines Schwiegervaters erfuhr. Es gab keine medizinische Erklärung dafür, wie Papji die Nacht überstanden hatte. Mit Swamis Gnade verbesserte sich sein Zustand nach und nach, und letztendlich erholte er sich. Nach diesem Vorfall begann der Glaube an Swami in der Familie meiner Schwiegereltern zu wachsen. Mein Schwager begleitete mich in späteren Jahren sogar auf zwei meiner Reisen nach Puttaparthi.

Ich arbeitete im Civil Hospital in Abohar, als ein Patient mit dem Namen Sandeep Upaneja zu mir gebracht wurde. Mit Typhus, durchgebrochenen Geschwüren und massiven Blutungen war er beinahe tot. Sein Hämoglobinspiegel lag bei nur 0,2 gm%, der niedrigste Wert, der mir in meinem ganzen Leben begegnet ist. Der diensthabende Notarzt rief mich zu sich und erklärte den Patienten für tot. Ich begann mit Wiederbelebungsmaßnahmen, aber nichts half. Die Mutter des Jungen jammerte. Plötzlich nahm ich Vibhuti aus meiner Tasche, gab etwas in Sandeeps Mund und auf seine Brust und begann mit einer Herzmassage. Swami brachte den Jungen tatsächlich ins Leben zurück. Später verabreichten wir ihm siebzehn Einheiten Blut. Die Familie, die ich gut kannte, änderte Sandeeps Geburtstag auf diesen Tag, den 18. November 1988, da dies der Tag war, an dem Bhagawan ihm ein zweites Leben gegeben hatte. Sie alle wurden Swamis Anhänger, nachdem dieses Wunder geschehen war.

Im Jahre 1982, als ich in Patiala lebte, berichtete mir ein Devotee namens G. K. Chopra einige seiner Erfahrungen. Swami hatte seine Familie einschließlich einer Verwandten, die blind war, zu einem Interview gerufen. Diese Dame betete inbrünstig zu Swami, ihr Augenlicht wiederherzustellen und ihr alle Sünden zu vergeben, die sie in der Vergangenheit begangen haben mochte. Swami forderte sie auf, Seine Füße zu berühren. Die Dame antwortete, sie könne sie nicht sehen. Nochmals sagte Swami ihr, sie solle Seine Füße berühren. Als sie sich niederbeugte, konnte sie deutlich Babas Lotusfüße sehen. Sie berührte sie und weinte hemmungslos. Nach wenigen Augenblicken verlor sie ihr Augenlicht wieder. Swami materialisierte dann Vibhuti für sie und sagte ihr, sie solle dreimal täglich etwas auf ihre Augen reiben. Swami Selbst trug das Vibhuti das erste Mal auf. Herr Chopra erzählte mir, daß sie nach ungefähr einem Jahr ihr Augenlicht langsam zurückgewann und später vollständig genas. In Seiner unendlichen Gnade hatte Swami die Auswirkungen des wie auch immer gearteten Karma vermindert, das sie zu tragen hatte.

Während desselben Interviews sagte Swami zu Frau Chopra: „Du, *Pakoda*! (Sie ist fettleibig.) Du hast ein sehr ernsthaftes Problem in deinem Bauch." Sie antwortete: „Nein, Swami, ich hatte niemals auch nur Kopfweh, vom Bauch gar nicht zu reden." Swami wiederholte Seinen Satz und sagte, daß Er sich darum kümmern werde, als Er ihren Bauch berührte.

Ungefähr einen Monat später wurde Frau Chopra auf unserer chirurgischen Station mit Bauchschmerzen eingeliefert, die als ein Fall akuter Entzündung der Gallenblase diagnostiziert wurden. Sie hatte auch Diabetes, und als sich ihr Zustand verschlechterte, erkrankte sie an Malaria, gefolgt von schwerer Gelbsucht. Um die Dinge noch zu komplizieren, bekam sie einen Darmverschluß durch Darmlähmung, innere Verstopfung und Leberversagen. Ihr Zustand war kritisch, ihr Anblick eine Ansammlung von Schläuchen und Maschinen. Sie war bereits eine fettleibige Dame, und durch die Verstopfung war sie völlig aufgeschwollen. Als sie dalag in ihrem halbbewußten und später komatösen Zustand, erwarteten die Ärzte hilflos ihren bevorstehenden Tod. Sie begann Blut zu erbrechen, ein Zeichen für den gräßlichen Ernst der Situation. Alle hatten die Hoffnung aufgegeben. Ich konnte nicht einfach dastehen und zusehen, wie sie starb. Ich eilte zu unseren Abend-Bhajans, da es zufällig ein Donnerstag war. Dort gab ich bekannt, daß das Leben von Frau Chopra auf der Kippe stand, und bat meine Sai-Brüder und -Schwestern, gemeinsam für Swamis Göttliches Eingreifen zu beten, um diese edle Dame zu retten. Mitten in meiner Bitte begann ich zu weinen. Ich kehrte in mein Zimmer zurück und weinte fast die ganze Nacht um Frau Chopras Wohlergehen.

Während meiner Morgengebete konnte ich mich nicht konzentrieren, sondern nur an Frau Chopra und ihre Familie denken. Um genau 5:55 Uhr an diesem Morgen des 21. August 1982 sah ich Swami aus einer der Fotografien auf unserem Altar heraustreten. Er stand direkt vor mir und sagte: „So viele Gedanken und Gebete für Frau Chopra – Swami wird sie segnen." Und Er trat wieder in das Bild ein. Unmittelbar danach begann *Amritha* aus dem Bild zu fließen. Ich sammelte es in einer Plastiktüte und raste wie verrückt zum Krankenhaus.

Als ich durch die Halle rannte, traf ich Herrn Chopra, der aus der anderen Richtung kam. Er sah vollkommen ruhig und heiter aus. Er sagte mir, daß um genau 5:55 Uhr, als er und seine Familie *Aarti* vor Swami durchführten, Er vor ihnen erschienen sei, Seine rechte Hand zum Segen erhoben, und das gesamte *Aarti* entgegengenommen habe. Ich erzählte ihm, was mir um 5:55 Uhr passiert war, und zeigte ihm das *Amritha*. Wie betäubt von der Art dieser Erfahrung, gingen wir in das Zimmer von Frau Chopra. Sie kämpfte um jeden Atemzug. Wir träufelten das *Amritha* in ihren Mund. Ich betete, daß, selbst wenn sie ihren Leiden erliegen sollte, sie zumindest Swamis *Amritha* erhalten haben würde. Wir waren beide sehr ergriffen, und Herr Chopra begann, die *Gita* Vahini zu lesen, in der Swami unter anderem über *Atma* spricht. Ich konnte diese Szene nicht ertragen und kehrte in mein Zimmer zurück. Ich betete intensiv zu Swami, und Sein Herz schmolz.

Nach einer Weile gab es einen großen „Knall" in Frau Chopras Bauch. Er hörte sich an, als ob ein Reifen geplatzt wäre. Die Belegschaft und die Ärzte liefen zu ihr und fanden sie im Koma. Nach ein paar Minuten öffnete sie ihre Augen und bat ihre Mutter mit leiser Stimme, ihr eine Bettpfanne zu bringen, da sie Stuhlgang haben wollte. Sie schied viermal Blutklumpen und Fleischstücke aus. Die Ärzte wurden nervös und ordneten mehrere Spritzen an, um die Blutung zu stillen. Herr Chopra eilte zum diensthabenden Chirurgen, der die Injektionen an die Stationsschwester weiterreichte, die wiederum vergaß, der nächsten Krankenschwester zu sagen, daß sie sie Frau Chopra verabreichen sollte. Bei der Abendvisite erkundigte sich Frau Chopras Arzt nach den Blutungen, die von selbst aufgehört hatten – auch ohne Spritzen.

Der Zustand von Frau Chopra verbesserte sich so dramatisch, daß sie innerhalb einer Woche aus dem Krankenhaus entlassen wurde. Wir waren völlig davon überzeugt, daß Swami sich um sie gekümmert hatte, aber die Ärzte blieben skeptisch. Sie beschlossen, ihr die Gallenblase operativ zu entfernen. Sie wollten nicht auf unseren Einwand hören, daß Swami Selbst sie geheilt habe. Alle Röntgenaufnahmen zeigten an, daß Frau Chopra unter einer akuten Schwellung der Gallenblase litt, und sie hatte Schmerzattacken in ihrem Bauch. Das förderte den Spott der Ärzte über Swami noch weiter. Sie führten die Operation durch. Während des Eingriffs riefen sie mich herein und zeigten mir ungefähr einen Milliliter Eiter, den sie unter der rechten Zwerchfellwölbung gefunden hatten. Alles andere, einschließlich ihrer Gallenblase, war absolut in Ordnung. Ich lachte laut auf und fragte: „Woher kommt dieser Eiter?" Der Arzt wußte keine Antwort. Ich sagte: „Sir, Swami möchte, daß Sie den Verdienst einstreichen – dafür, daß Ihre Operation sie geheilt hat." Er hatte keine Antwort. Ich weiß, daß sie tief in ihren Herzen akzeptierten, was Bhagawan ihnen gezeigt hatte, aber unser geliebter Herr will keine Anerkennung für irgendeinen Akt der Gnade.

Oftmals ist Swamis physische Anwesenheit nicht einmal notwendig, damit Er ein medizinisches Wunder vollbringen kann. Seine Zusicherung und der Glaube des *Bhaktha* reichen aus, um Wunder zu bewirken. Im Dezember 1992 kam mein ältester Bruder nach Puttaparthi und informierte mich, daß unser Vater schwer krank war und eilig ins Krankenhaus eingeliefert worden war. Am Weihnachtstag fragte Swami nach unserem Vater und versicherte uns, daß Er sich um ihn kümmern werde. Am nächsten Tag rief Swami uns alle zu einem Interview und erzählte uns unter anderem, daß unser Vater die letzten drei Tage sehr krank gewesen sei und Er sich in dieser Zeit um ihn gekümmert habe. Heute (26. Dezember 1992), sagte Er, ginge es Vater besser. Swami wies mich an, nach Punjab zu gehen, um meine dortigen Angelegenheiten zu regeln.

Als erstes fuhr ich nach Delhi, um meinen Vater zu sehen. Bei meiner Ankunft teilte mir mein jüngerer Bruder die Neuigkeiten mit. Er erzählte, daß am 24. Dezember unser Vater etwas gegessen habe und plötzlich ein großer Brocken Essen in seine Luftröhre geraten sei und sie verstopft habe. Das Ergebnis war, daß seine rechte Lunge völlig kollabierte und zwei Drittel seiner linken Lunge ebenfalls. Vater wäre fast auf der Stelle gestorben. Meine Mutter rief eilig meinen jüngeren Bruder, der unten in seiner Klinik arbeitete. Bis sie das Krankenhaus erreichten, waren beinahe fünfzehn Minuten verstrichen. Die Ärzte hatten die Hoffnung fast aufgegeben, Vater wiederzubeleben. Meine Mutter betete inbrünstig zu Swami, Er möge ihren Ehemann retten, und Baba erhörte ihre Gebete. Vater wurde an ein künstliches Beatmungsgerät angeschlossen, und nach einiger Zeit ging es ihm allmählich besser. Nach weiteren drei Tagen des Kämpfens stabilisierte sich sein Zustand. Er kehrte heil und gesund nach Hause zurück. Es passierte alles genauso, wie Swami uns in Prashanti Nilayam gesagt hatte. Wie können wir Ihm jemals danken für Seine Barmherzigkeit und Gnade?

Swami hatte die Güte, mir einige Seiner Wunder an noch ungeborenen Kindern zu zeigen. Während meines letzten Ausbildungsjahres am Medical College war ich auf der Entbindungsstation. Eine sehr reizende junge Dame, eingekleidet als Braut, kam herein. Ich erfuhr, daß sie aus einer sehr wohlhabenden Familie stammte, in der nach fünfundzwanzig Jahren ein Kind geboren werden sollte. Ruhig auf dem Tisch liegend hörte sie zu, wie ich die Tugenden werdender Mütter pries. Unglücklicherweise stellten sich bei ihr Komplikationen ein, die den Fötus in Mitleidenschaft zogen und letztendlich, trotz unserer größten Bemühungen, zum Tod des Fötus führten. Die einzige Möglichkeit, die uns blieb, war, eine Kraniotomie durchzuführen, um den toten Fötus entfernen zu können. Als wir sie für den Operationssaal vorbereiteten, rief sie mich und fragte mich, was nicht in Ordnung sei. Ohne Erfolg versuchte ich, die Wahrheit vor ihr zu verbergen. Der schmerzhafte Augenblick brachte uns einander nahe. Ich betrachtete sie als meine Schwester. Sie ergriff fest meine Hand und sagte: „Wenn du wirklich glaubst, daß du mein Bruder bist, dann sage mir die Wahrheit. Ich gebe dir einen Eid auf die Liebe einer Schwester. Ich kann nicht fühlen, daß das Kind sich bewegt. Warum versuchst du die Tatsache zu verbergen, daß das Baby tot ist? Ich bedaure nur, daß ich das alles noch einmal durchmachen muß, bevor ich die Seligkeit erfahren kann, ‚Mama‘ genannt zu werden. Wirklich, eine Frau muß einen zu hohen Preis dafür bezahlen, Mutter zu werden." Zwei riesige Tränen stiegen ihr in die Augen. Selbst ich konnte meine Tränen nicht zurückhalten. Ich sagte: „Schwester, wenn dir oder deinem Baby irgend etwas passiert, dann werde ich glauben, daß meine verehrte Mutter – die Heilige *Gita* – ein Buch der Lügen ist. Ich werde sie eher zerreißen und verbrennen, als daß ich zusehe, wie einem von euch ein Leid geschieht." Ich rief meinen Krishna an, zur Rettung meiner Schwester zu kommen, genauso wie Er zur Rettung Draupadis gekommen war. Der Herr, voll der Gnade, erhörte mein Wehklagen. Innerhalb von Sekunden gebar sie ein wunderschönes Mädchen, vollkommen gesund und lachend. Ich rannte wie von Sinnen in mein Zimmer, fiel auf mein Bett, hielt die Heilige *Gita* in meinen Händen, küßte sie und weinte Tränen der Dankbarkeit. Das kostbare Mädchen wurde am 6. Oktober 1973 geboren, und sie ist inzwischen zu einer hübschen jungen Dame herangewachsen. Möge der Herr sie immer segnen.

Ein weiteres wunderbares Ereignis trug sich zu, während ich in Patiala im Punjab war. Dr. Krishna Kumar, Präsident des Sirhind *Samithi*, brachte seine Tochter zu mir, um sie von einem Gynäkologen untersuchen zu lassen. Das Mädchen behauptete schwanger zu sein, aber alle Ärzte, die sie untersuchten, konnten keinen Fötus finden. Mehrere Spezialisten hatten sie ebenfalls untersucht und kein Kind in ihrem Leib gefunden. Sie war ein typischer Fall von Pseudogravidität, Scheinschwangerschaft. Wir empfahlen ihr, sich einem kleinen chirurgischen Eingriff zu unterziehen, der Dilatation und Curettage (D&C) genannt wurde. Aber sie wollte auf niemanden hören. Sie glaubte fest daran, daß sie einen Sohn bekommen würde, da Swami ihr dies gesagt hatte. Alle meine Versuche, ihr davon abzuraten, waren erfolglos. Schließlich sagte ich zu ihren Eltern, sie sollten sie mit nach Hause nehmen, und in ein paar Tagen würde ich sie von einem Professor der Psychiatrie untersuchen lassen. Drei Tage später kam Krishna Kumar zu mir mit einer Schachtel Süßigkeiten und der verwirrenden Nachricht, daß seine Tochter in der vergangenen Nacht einen normalen, gesunden Jungen zur Welt gebracht hatte. Ich konnte meinen Ohren einfach nicht trauen. Swami spielt Seine *Leelas* auf so unglaubliche Weise.

Meine Schwägerin Sangeeta erwartete ihr erstes Kind, und alle Vorbereitungen wurden getroffen, damit sie das Baby in unserem Krankenhaus entbinden konnte. Ihr Gynäkologe war ein Schulkamerad von mir und ein alter Freund der Familie meiner Schwiegereltern. Bei Sangeeta setzten die Wehen ein, und wir erwarteten jeden Moment die freudige Nachricht. Aber mehr als vierundzwanzig Stunden vergingen, und das Baby war nicht geboren. Die Ärztin sagte mir, daß sie einen Kaiserschnitt durchführen wolle, und wir stimmten zu. Sowohl meine Schwiegermutter als auch Sangeetas Schwiegermutter standen mit entsetztem Gesicht dabei. Bevor sie in den Operationssaal gebracht werden konnte, erfuhr ich, daß es eine fetale Notsituation gab. Wir alle fingen an, intensiv zu beten. Ich holte ein Päckchen mit Vibhuti hervor und bat meine Schwiegermutter, Sangeeta etwas davon zu geben und den

Rest auf ihren Bauch zu tun. Sie tat es, und innerhalb von Sekunden entband Sangeeta auf natürlichem Wege einen vollkommen gesunden Jungen.

Ich saß beim *Darshan* in Prashanti Nilayam, als ich hörte, wie Swami sich nach Dr. Anil erkundigte, der wegen der Niederkunft seiner Frau nach Hyderabad gereist war. In einem früheren Interview, das wir zusammen hatten, fragte Swami sie, ob sie sich ein Mädchen oder einen Jungen wünschten. Dr. Anil antwortete, daß sie sich einen Sohn wünschten. Swami sagte ihnen, daß seine Frau ein Mädchen trage, und fragte, ob sie wollten, daß Er das Geschlecht des Fötus änderte. Dr. Anil wiederholte, daß sie sich einen Jungen wünschten, und Swami fragte: „Willst du einen Sohn, oder will deine Frau einen Sohn?" Er sagte, sie beide wünschten sich einen Sohn. Swami sagte dann: „O.K. Das Kind ist in einen Jungen geändert worden, und ihr werdet ihn am 18. Dezember bekommen." Genau wie Swami es vorausgesagt hatte, wurde ihnen am 18. Dezember 1991 ein gesunder Junge geboren.

„Anityam asukham lokam iman praapya, bhajaswa maam – *das ist der Befehl. In diese endliche, unglückliche Welt gekommen, verehre Mich, um dich zu retten.*" *Wie kann der Körper Krankheit und Tod entrinnen? Wie kann der Geist Aufregung und Angst entkommen?*

„*Sathya Sai*"

6. LEELAS

Swami sagt, Seine *Leelas* oder Wunder sind Seine „Visiten-karten". Sie beweisen uns nur Seine Allwissenheit, Allgegen-wart und Allmacht. Obwohl ich Swami erst 1981 physisch getroffen habe und Ihn in Puttaparthi nur zeitweilig sah, wurde ich von Ihm bei buchstäblich Hunderten von Anlässen geseg-net. Immer wieder ist Er zu meiner Rettung gekommen und offenbarte Seine Gegenwart auf unzählige Weisen.

Nach unserer ersten glückseligen Erfahrung mit Bhagawan in Prashanti Nilayam fuhren wir in einem Taxi nach Bangalore zurück. Wir hatten erst einige Kilometer zurückgelegt, als der Wagen plötzlich ungefähr dreißig Zentimeter in die Luft sprang und wir das angstvolle Aufjaulen eines Hundes hörten. Wir riefen „Sai Ram!" Swami hatte mir gerade einen Ring gegeben, und ich schaute ihn an, um Barmherzigkeit bittend. Er sagte: „Es war dir bestimmt, jetzt zu sterben, aber ich habe deinen Tod auf diesen Hund übertragen." Und wir fanden einen zerquetschten Hund unter dem Auto. Uns allen war das Herz schwer wegen dieser armen Kreatur, die für uns ein großes Opfer gebracht hatte. Mit Tränen der Dankbarkeit setzten wir unsere Reise fort.

Als nur noch dreißig bis vierzig Kilometer vor uns lagen, blieb unser Taxi plötzlich stehen. Der Fahrer entdeckte ein Leck in der Benzinleitung, und so hatten wir unser ganzes Benzin verloren. Kein Fahrzeug war zu sehen. Die wenigen, die später an uns vorbeifuhren, weigerten sich anzuhalten. Verlassen und ohne Ausweg begannen wir zu Bhagawan zu beten. Nach

einiger Zeit sahen wir ein brandneues Fiat-Taxi auf uns zukommen. Es hielt, als wir zu erkennen gaben, daß wir in Not
waren. Es saßen zwei Passagiere und ein Fahrer darin. Er teilte
uns mit, daß sie aus Puttaparthi kämen. Wir waren ganz
erstaunt, ein nagelneues Taxi zu sehen, da wir tagelang versucht hatten, eines in Puttaparthi zu bekommen, und letztendlich einen alten Ambassador mieten mußten.

Begierig darauf, uns etwas Benzin zu verschaffen, erklärten
wir dem Fahrer unsere Situation. Sofort holte er einen Zehn-
Liter-Kanister hervor und füllte ihn für uns mit Benzin aus
seinem Taxi. Er gab ihn unserem Fahrer und sagte, daß die
nächste Tankstelle noch ungefähr zwanzig Kilometer entfernt
sei. Wir wollten ihm das Benzin bezahlen, aber er lehnte
höflich ab und sagte: „Machen Sie sich keine Sorgen. Ich
werde es mir später holen." Und er brauste mit seinem Taxi los
und verschwand in einer Entfernung von nur fünfzig Metern
vollständig aus unserer Sicht. Dann erkannten wir, daß es
niemand anderer als Swami war, der zu unserer Rettung gekommen war.

Wir fuhren weiter in Richtung Bangalore, aber unser Wagen
hatte nach fünfzehn oder zwanzig Kilometern wieder eine
Panne. Der provisorische Pfropfen, den der Fahrer angebracht
hatte, hatte nachgegeben, und wir standen wieder am Anfang.
Wir mußten entweder auf Hilfe warten oder unseren Fahrer
nach Bangalore schicken, damit er mit einem anderen Taxi
zurückkäme. Ein Passant sagte uns, daß die nächste Tankstelle
ungefähr fünf Kilometer entfernt sei. Ich sagte Sham, er solle
sich ans Steuer setzen, und der Fahrer und ich begannen, den
Wagen an einen schattigen Ort zu schieben. Sham probierte
die Zündung, und der Wagen sprang an. Ich sagte ihm, er solle
mit maximaler Geschwindigkeit fahren, damit der Wagen
noch mindestens einen Kilometer zurücklegte. Vor uns sahen

wir einen Bahnübergang, und der Schrankenwärter schloß die Schranken, um einen Zug passieren zu lassen. Als er uns sah, öffnete er die Schranken wieder, um uns durchzulassen, und schloß sie dann erneut. An der Einfahrt zur Tankstelle kam unser Taxi quietschend zum Stehen. Wie es diese Entfernung von fünf Kilometern mit leerem Tank zurückgelegt hat, ist Swamis Wunder.

Zu unserer äußersten Bestürzung erfuhren wir, daß hier kein Benzin erhältlich war und wir zur nächsten Tankstelle mußten, die etwa zwei Kilometer entfernt war. Trotz unserer Ausführungen wollte der Besitzer der Tankstelle uns nicht helfen. Auch keiner der Passanten half uns. Schließlich beschlossen wir, unseren Fahrer zu Fuß zur nächsten Tankstelle zu schicken, um Benzin in einem Kanister zu holen.

Dann sahen wir eine blitzblanke, neue Autorikscha aus der entgegengesetzten Richtung auf uns zukommen. Ohne Zögern willigte der Rikschafahrer ein, uns zu helfen. Er bat seine beiden Begleiter, aus der Rikscha zu steigen, und nahm Sham und unseren Fahrer zu sich ins Auto. Sie kamen bald mit Benzin zurück. Unterdessen hatten sich die Bahnschranken hinter uns geöffnet. Nachdem wir uns bei dem Rikschafahrer überschwenglich bedankt hatten, fuhr er davon und löste sich in Luft auf, nachdem er den Bahnübergang überquert hatte. Wiederum war Bhagawan zu unserer Rettung gekommen!

Schließlich erreichten wir Bangalore müde, aber glücklich, wissend, daß Bhagawan sich bei jedem Schritt um uns gekümmert hatte. Nachdem wir uns im Hotel erfrischt hatten, versuchten Sham und ich, ein Taxi zu organisieren, das uns nach Mysore zu den Gärten von Brindavan bringen sollte. Wir hatten nur noch sehr wenig Geld bei uns und konnten kein Taxi bekommen, das uns für den Betrag, den wir ausgeben konnten, dorthin gebracht hätte. Niedergeschlagen machten wir uns auf den Weg zurück ins Hotel. Plötzlich sprach uns ein Taxifahrer an und fragte uns, wohin wir wollten. Wir erzählten ihm unsere Geschichte: daß dies mein Geburtstag sei und wir ihn in den Gärten von Brindavan feiern wollten. Zu unserem Erstaunen bot er uns an, uns nach Mysore und zurück zu bringen, und wir hätten nur für das Benzin zu bezahlen. Diese Rechnung fiel sehr viel niedriger aus, als wir erwartet hatten. Wir eilten zurück zum Hotel und fuhren mit dem Taxi nach Mysore.

Auf der Fahrt nach Mysore machten wir an einem Ort namens Sri Rangapatnam halt. Es ist ein Waisenhaus, das von einem sehr alten Devotee von Swami, Herrn Halgappa, geleitet wird. Swami hatte ihm zwei kleine Medaillons gegeben, aus denen ständig *Amritha* fließt. In dem Schrein brachten wir unsere Ehrerbietung dar, nahmen etwas von dem Heiligen *Amritha* und fuhren weiter.

Nachdem wir unseren Ausflug zu den Gärten von Brindavan genossen hatten, kehrten wir spätabends nach Bangalore zurück. Wir boten dem Fahrer fünfzig Rupien als Bezahlung an, aber er lehnte es ab, irgend etwas anzunehmen, und fuhr mit seinem Taxi davon. Am nächsten Tag stiegen wir in den Karnataka-Expreß nach Punjab und nahmen die Göttlichen Erinnerungen an unsere Reise mit uns. Aber der Geldmangel begleitete uns immer noch. Ich glaube, Poonam hatte weniger als zehn Rupien in ihrer Börse, als wir den Zug bestiegen. Sogar Sham hatte nur etwa hundert Rupien bei sich, um unseren Proviant und die geringfügigen Reisekosten zu bezahlen.

Der Zug hielt am frühen Morgen am Bahnhof von Vijayawada, und ich sah die Schlagzeile der Zeitung *Blitz*: „Punjab unter Beschuß". Ein bekannter Politiker, der sich sehr deutlich gegen Terrorismus ausgesprochen hatte, war erschossen worden. Wir machten uns Sorgen um das Wohlergehen der Bevölkerung des Punjab, da sie von Furcht vor Terroranschlägen ergriffen war. Ich lief zu dem Bücherstand und kaufte die Zeitung, so daß uns nur zweieinhalb Rupien übrigblieben. Am selben Stand fiel mir eine prächtige Ausgabe der *Gita* ins Auge. Sie enthielt eine Erklärung für jedes Wort mit begleitenden Kommentaren obendrein. Ich hatte immer nach einer solchen Version der *Gita* gesucht. Der Standbesitzer sagte mir, daß sie fünfzig Rupien koste. Ich fragte Poonam, ob sie noch irgendwelches Geld bei sich habe, und sie antwortete: „Absolut nichts." Mein Verlangen danach, dieses Buch zu besitzen, wurde dermaßen stark in mir, daß ich bereit war, meine Uhr dafür zu verpfänden. Plötzlich rief mich Poonam zum Eisenbahnfenster und sagte, daß zwei druckfrische, neue Banknoten zu je fünfzig Rupien auf geheimnisvolle Weise in ihrer Börse aufgetaucht seien, obwohl sie sie mehrmals nach Geld durchsucht hatte. Ich sagte zu ihr: „Liebling, das bedeutet, daß du fünfzig Rupien behalten und fünfzig Rupien mir geben kannst." Sie war einverstanden. Ich fuhr fort: „Es macht dir doch nichts aus, wenn ich diese fünfzig Rupien so ausgebe, wie es mir gefällt, oder?" Ich befürchtete, daß meine Frau sich über mich aufregen würde, wenn ich noch eine Ausgabe der *Gita* mit nach Hause brächte. Zusätzlich hatte ich in Puttaparthi bereits mehrere hundert Rupien für Bücher und Kassetten ausgegeben. Sie erwiderte mit einem Lächeln: „Du kannst das Geld ausgeben, wie es dir beliebt. Ich werde nichts dagegen haben." In dem Augenblick pfiff der Zugschaffner, um alle zum Einsteigen aufzufordern. Ich rannte wie verrückt zu dem Bücherstand und kaufte den großen Schatz, den ich gefunden hatte. Poonam war die erste, die mir das Buch aus der Hand schnappte. Als sie es untersuchte, regte sie sich überhaupt nicht auf, vielmehr war sie erfreut über die Wahl meiner Anschaffung. Ich war so überglücklich über diese *Gita*, daß ich sogar vergaß, Swami zu danken. Erst später erkannte ich, daß Er es war, der das Geld in ihre Börse getan hatte. Dann dankte ich Ihm wieder und wieder für Seine Güte. Diese „*Gita Makaranda*" stellt weiterhin einen Schatz in unseren Erfahrungen mit dem Allmächtigen Herrn dar.

Da wir von Bhagawan während unserer Reise so viel Gnade erfahren hatten, begannen Sham und ich mit vermehrtem Enthusiasmus an den *Samithi*-Bhajans und anderen Aktivitäten teilzunehmen. Swami gab es uns mit gleicher Münze zurück, indem Er uns reichlich mit Seinen Segnungen überschüttete. Im Dezember 1981 hielten wir einen *Sankirtan* bei uns zu Hause ab, und Swami kam und ließ viele Blüten von den Bildern fallen, an denen sie befestigt worden waren. Den ganzen Tag hatte ich mir Shirdi Babas *Darshan* gewünscht, aber natürlich gab es für mich keine Möglichkeit, nach Shirdi zu fahren. Shirdi Baba würde zu mir kommen müssen. Die Bhajans verliefen sehr gut. Während ich *Aarti* vollzog, erschien Vibhuti auf dem *Aarti*-Teller. Wir alle waren überrascht und sehr glücklich, Swamis *Prasad* direkt von Ihm zu erhalten. Poonam war in die Küche gegangen, und bis sie zurückkam, war kein Vibhuti für sie übriggeblieben. Da sie das Vibhuti nicht selbst gesehen hatte, glaubte sie nicht daran, daß es überhaupt offenbart worden war.

Als die Bhajans vorüber waren, kamen unsere Nachbarn, Major Chawla und seine Frau, zu uns herüber. Sie waren unterwegs gewesen, hatten Poona und Bombay besucht und waren soeben zurückgekehrt. Als sie die Bhajans bei uns hörten, kamen sie eilig herüber. Sie beschenkten mich mit einer kleinen Statue von Shirdi Baba, die sie extra aus Shirdi für mich mitgebracht hatten. Mit Tränen in den Augen dankte ich ihnen, anschließend dankte ich dem Herrn aller Herren, der mir meinen innigen Wunsch nach Shirdi Babas *Darshan* erfüllt hatte. Ich erzählte dann von der Vibhuti-Offenbarung, die sich kurz vor ihrer Ankunft ereignet hatte. Während ich sprach, füllte sich der Teller erneut mit Vibhuti, und Major Chawla, seine Ehefrau und auch Poonam erhielten Swamis *Prasad* – das speziell für sie erzeugt worden war.

Während ich in Patiala lebte, besuchte mich Swami öfters, indem Er sich in der Form von *Leelas* offenbarte. Einmal erzählte ich dem ungefähr sieben Jahre alten Sohn meines Hausbesitzers Geschichten über Swami. Er fragte mich, wie Wunder entstehen. Ich erklärte ihm, daß sie einfach durch Swamis Wunsch geschehen. Alles könne überall passieren. Kaum hatte ich den Satz beendet, als das *Dhoop*-Stäbchen auf meinem Altar von allein zu brennen begann. Wir waren beide äußerst überrascht, und ich sagte zu dem Jungen, daß er nun Swamis Wunder mit eigenen Augen gesehen habe. Erstaunt ging er, um seinen älteren Bruder zu rufen, damit er Zeuge dieses Wunders sei. Der ältere Bruder kam und fragte, wie das Stäbchen zu brennen begonnen hatte. Wir sagten ihm, daß es von selbst anfing. Während wir sprachen, entzündete sich ein zweites Stäbchen, nur um auch dem älteren Bruder die Präsenz Swamis zu beweisen. Ein anderes Mal waren mehrere Devotees bei mir zu Hause anwesend, als das *Jyoti*, das mit einer Flamme von ungefähr einem Zentimeter brannte, zu etwa einem halben Meter aufschoß und alle Anwesenden erschreckte. Innerhalb von Sekunden hatte es wieder seine normale Größe.

Während meines ganzen Aufenthaltes in Patiala besuchte mich Swami. Seine häufigste „Visitenkarte" war das Erscheinen von Vibhuti. Die Dinge begannen im kleinen Maßstab am 13. Januar 1982. Ich hatte an den *Lohri*-Feierlichkeiten an meinem College teilgenommen und kehrte nach Hause zurück. Ich fand hier und da einige Fleckchen Vibhuti überall in meiner Wohnung. Dies setzte sich einige Tage lang fort. Am 18. Januar nahm ich an einem Treffen von Sai-Devotees auf

Landesebene in Ludhiana teil. Ein junger M.B.B.S.-Student aus meinem College namens Sandeep, der ein entfernter Verwandter meiner Frau ist, kam mit mir. Wir besprachen gerade etwas, als ich die Tür zu meiner Wohnung öffnete. Dann wurde ich von meinem Hausbesitzer, Herrn Gulati, zur Behandlung seiner Frau gerufen, die einen Abszeß an ihrem rechten Zeigefinger hatte. Ich empfahl ihr, ihn aufschneiden und die Flüssigkeit entfernen zu lassen. Plötzlich rief mich Sandeep, um mir die Fülle von Vibhuti überall in meinem Zimmer zu zeigen. Ich rief die Gulatis, damit sie ebenfalls Zeugen von Swamis Wunder wurden. Vibhuti bedeckte sogar mein Bett. Tränen der Dankbarkeit und der Ehrfurcht liefen über mein Gesicht. (Frau Gulati weigerte sich übrigens, ihren Finger behandeln zu lassen. Sie trug einfach Swamis Vibhuti auf, und ihr Abszeß wurde vollständig geheilt.)

Während dieser Tage in Patiala fühlte ich mich Swami sehr nahe, wenn ich morgens meditierte. Obwohl ich tagelang sehr wenig schlief, fühlte ich mich niemals müde. Dieses Phänomen dauert bis heute an. Swami erfüllt mit **Shakthi**, das genug Energie gibt, um die Tätigkeiten des Tages mühelos durchzuführen. Am Morgen des 19. Januar war ich zur Hälfte mit dem *Omkar* durch, als ich etwas in meiner linken Hand spürte. Und siehe da – es war Swamis Vibhuti. Ich trug etwas auf meine Stirn auf und aß den Rest. Als ich Sandeep davon erzählte, lachte er nur spöttisch. Ein anderes Mal rochen mein Hausbesitzer und seine Frau den Duft von Vibhuti, und wir bemerkten, daß Vibhuti aus der wollenen Kleidung heraustrat, die ich trug.

Am Morgen des 20. Januar fand ich ein paar Fleckchen Vibhuti auf dem Boden. Ich rief den Sohn unseres Hausbesitzers, damit er das Vibhuti sehe. Ich ging zur Arbeit und kehrte um ungefähr 13:00 Uhr zum Mittagessen zurück. Um 14:00 Uhr fuhr ich wieder ins Krankenhaus. Dort trank ich mit einigen meiner Kollegen Tee, als das Thema auf Swami kam. Unser stellvertretender Professor, Dr. Ashok Gupta, und die anderen lachten alle über meine „Märchen" von den Wundern, die sich ereigneten. Plötzlich, um 14:40 Uhr, rief Sandeep mich und sagte: „*Jija Ji*, komm bitte sofort in mein Zimmer, ich habe wirklich Angst." Er erklärte, daß er um 14:00 Uhr sein Zimmer verlassen hatte, um an seinen praktischen Prüfungen teilzunehmen, und um 14:25 Uhr zurückkehrte, um etwas zu holen. Da fand er Vibhuti überall in seinem Zimmer. Ich wußte, daß Swami Sandeep schließlich Seine Gegenwart zeigen würde. Als Dr. Ashok Gupta den Grund für Sandeeps Angst hörte, bat er darum, das Vibhuti auch sehen zu dürfen. Von Herzen gern lud ich ihn ein, mit uns zu kommen.

Auf dem Weg zu seinem Zimmer erzählte Sandeep die ganze Geschichte. Er sagte, daß Swami ihn frühmorgens um etwa vier Uhr besucht und gesagt hatte: „Du lachst über meinen *Bhaktha*, Dr. Bhatia. Lache nicht und mache keine Witze. Was er sagt, stimmt. Er spricht die Wahrheit. Heute werde ich dir in dein Zimmer gräulichrotes Vibhuti schicken (Er zeigte ihm sogar die Farbe), und gleichzeitig werde ich auch Vibhuti in Dr. Bhatias Zimmer schicken. Kennst du deine Beziehung zu Dr. Bhatia? Vor dreihundert Jahren habt ihr beide im Staate Alabama im Süden von Amerika gelebt. Dort rettete er dein Leben. Und im nächsten Leben machte Swami euch zu Brüdern. Jetzt hat Swami euch wieder zusammengebracht. Lache nicht. Glaube das, was Dr. Bhatia sagt." Ich fragte Sandeep beharrlich, ob Swami dies alles wirklich zu ihm gesagt habe, und Sandeep bejahte. Wir gingen in sein Zimmer und fanden das besagte gräulichrote Vibhuti auf dem Boden, dem Bücherregal, dem Tonbandgerät und dem Spiegel. Dr. Gupta war ein wenig beeindruckt, wollte aber weitere Beweise. Er fragte mich, ob sich auch in meinem Zimmer Vibhuti befinden würde. Ich sagte ihm: „Sir, was Swami in Seinem Traum sagt, ist allein Sein Wille, und es ist immer die Wahrheit." Ich sagte ihm, wir könnten alle zu meinem Zimmer gehen und das Vibhuti selbst sehen. Auf dem ganzen Weg betete ich in meinem Herzen: *„Prabhal Prem ke Pale Padkar Prabhu ko Niyam Bhadalte Dheka / Aapna Maan Bhale Tal Jaye Bhaktha ka Maan Na Talte Dheka."* Es bedeutet: *„Gefangen von der tiefen, hingebungsvollen Liebe eines Devotee, ändert Gott sogar Seine eigenen Gesetze. Er würde eher Seine eigene Ehre aufs Spiel setzen, als die Ehre eines Devotee beschmutzen zu lassen."* Ich bat Gott darum, meine Ehre in der Stunde der Prüfung zu retten. In dem Augenblick, als ich mein Zimmer aufschloß, wurden wir von dem duftenden Geruch von Vibhuti begrüßt. Eine sichtbare Wolke aus Vibhuti erfüllte die Luft. Voller Dankbarkeit weinte ich still vor Swamis Foto. Dr. Gupta war sichtlich verblüfft.

An diesem Abend bat mich Sandeep, ob er bei mir bleiben dürfe, da die Ereignisse des Tages ihn sehr erschreckt hatten. Er weckte mich gegen zwei Uhr morgens, um mir zu sagen, daß seine linke Hand sehr kalt würde. Ich fand seine Hand mit Vibhuti beschmiert. Das konnte nur Bhagawan getan haben. Ich beruhigte ihn, indem ich ihm sagte, er möge beten und Vertrauen in Swami haben.

Swami zeigte uns immer wieder Seine Gegenwart. Sandeep hatte eine Prüfung in Mikrobiologie und fand die Seiten seines Lehrbuchs mit Vibhuti bedeckt. Auf einem Kalender von Sri Hanumanji in meinem Zimmer tauchte an verschiedenen Stellen *Tilak* auf. Sogar der Daumenabdruck war sichtbar. Sandeep und ich fuhren für zwei Tage weg, nach Abohar beziehungsweise nach Fazilka. Nach unserer Rückkehr fanden wir ein riesiges „Om"-Symbol aus Vibhuti auf dem Boden von Sandeeps Zimmer. Ein ähnliches „S" war auf seine Steppdecke geschrieben. Ich bat einen Freund von mir, Fotografien von all dem mit seiner Kamera zu machen. Wir machten einige in

Sandeeps Zimmer und ein paar in meinem. Nur die Fotos von meinem Zimmer wurden richtig entwickelt, während die von Sandeeps alle leer waren. Wir benutzten dieselbe Kamera, denselben Fotografen, dieselbe Filmrolle und denselben Entwickler. Baba kontrolliert wirklich jeden Aspekt unseres Lebens. Alles geschieht nach Seinem Willen und Seinem Befehl.

Am 15. Februar rief mich Sandeep, um mir das in Gelbwurzpulver geschriebene Wort „SAI" auf seinem Fußboden zu zeigen. Auch Dr. Ashok Gupta kam, um das Wunder zu sehen. Er wies auf ein paar Würmer im Puder hin und meinte, daß der Puder nicht rein oder heilig sein könne. Er hob sogar einen Wurm auf und tötete ihn. Dr. Gupta zweifelte an der Echtheit der Materialisation und bat mich, eine Klarstellung von Swami einzuholen. Ich konnte nur zu Swami beten, die Wahrheit zu enthüllen und die Bedeutung dessen, was Er vor uns offenbart hatte.

Der Herr ist immer barmherzig. Am 17. Februar um drei Uhr morgens gab Swami mir die Gelegenheit, Sein *Leela* zu verstehen, indem Er mir in einem Traum erschien. Nachdem Er Seine Göttlichen Segnungen in Form von *Darshan* und dem Verteilen von Heiligem Vibhuti regnen ließ, blickte Er mich an und sagte: „Ja, du möchtest wissen, wer ,SAI' in Sandeeps Zimmer schrieb? Wer ist SAI? Wie kann jemand SAI auf diese Weise schreiben? Wenn Swami allgegenwärtig, allmächtig und allwissend ist, was bleibt Ihm dann verborgen? Ich zeige meine Gegenwart immer überall, wo ich es will. Was? Dr. Gupta zweifelt! Das sollte er nicht! Er ist eine edle Person. Sage ihm, er wird mich auch bald sehen. Zweifelt nicht. Habt Vertrauen. Und ihr wollt etwas über diese lebenden Kreaturen wissen. Was seid ihr alle? Ihr windet euch in dem Netz eurer Wünsche, ebenso wie diese Würmer. Ihr werdet geboren mit Wünschen, lebt mit Wünschen und sterbt mit Wünschen. Nur sehr wenige (wie diese wenigen Würmer) lassen ihre Wünsche hinter sich. Ja, auch das ist meine Schöpfung. Was kann von Swami nicht erschaffen werden? Nur leblose Objekte? Nein! Er kann alles hervorbringen. Das Leben steht unter Seiner Herrschaft."

„Die gelbe Farbe bedeutet Erleuchtung. Sieh die Flamme an! Sie brennt gelb. Schau die Sonne an, wie hell sie scheint und alles erleuchtet, was vor sie kommt. Dein *Buddhi*, dein *Gyan*, dein Intellekt sollte nicht von Wünschen umgeben sein. Die sechs Feinde leben in dir. Sie sind *Kama*, *Krodha*, *Mada*, *Moha*, *Lobha* und *Matsarya*. Langsam verzehren sie nach und nach *Buddhi,* den Intellekt. Ja, töte sie – so wie Dr. Gupta einen getötet hat. Töte alle diese Feinde, die in deinem eigenen Selbst wohnen, durch ‚Praxis', ‚*Naam*' und ‚*Japa*'. Übe Disziplin des Körpers, der Rede und des Geistes. Zähme den Geist. Wenn er vom Wege abkommt, ist der Geist der schlimmste Feind. Er sollte unter Kontrolle sein.

Mein sind die wahren Wunder, geboren aus Meiner Natur. Sie wirken nach Meinem Willen. Sorge dich nicht um sie. Mach weiter. Swami ist immer bei dir. Führe die Arbeit demütiger und friedvoller aus. Was ist, wenn andere reden? Du bleibst still. Stille ist Gott. Du verlierst jedesmal etwas, wenn du deine Beherrschung verlierst. Kontrolliere deine Gedanken, Worte und Taten. Auch andere werden das Sai *Sankalpa* sehen. Nur Knospen, die zum Blühen bereit sind, werden zu Blüten. Die übrigen müssen still warten, bis sie an der Reihe sind. Das Leben, das sich in SAI zeigte, war echt. Schließlich ist alles in SAI. Geh! Ich segne dich."

Eines Tages ging ich zu Sandeeps Zimmer im Studentenwohnheim und konnte ihn nicht finden. Ich erkundigte mich bei den anderen Jungen nach Sandeeps Verbleib. Sie sagten mir, daß er vor einigen Tagen in das neue Wohnheim umgezogen sei. Ich war überrascht, daß Sandeep mir nicht von seinen Umzugsplänen erzählt hatte. In dem neuen Wohnheim fand ich Sandeep in seinem neuen Zimmer. Er sagte mir, daß er glaubte, ich treibe Spielchen mit ihm und daß ich derjenige gewesen sei, der all das Vibhuti und die anderen Manifestationen in sein Zimmer gebracht hatte. Deshalb habe er sein Zimmer getauscht, ohne mir davon zu erzählen. Aber Swami bewies Sandeep, daß die *Leelas* alle Sein Werk waren. Sandeep hatte sein Bett und einige Möbelstücke in das neue Zimmer gebracht und war zurück in sein altes Zimmer gegangen, um sein Gepäck und andere Dinge zu holen. Als er sie in sein neues Zimmer brachte, fand er Vibhuti über das ganze Zimmer verstreut, auf seinem Bett und anderen Möbeln. Ich hatte nicht einmal gewußt, daß er umgezogen war, und so konnte ich gar nichts getan haben. Diese Episode war Beweis genug für Sandeep, um zu glauben, daß nicht ich derjenige war, der diese außergewöhnlichen Phänomene hervorgebracht hatte.

Obwohl Dr. Ashok Gupta Zeuge von so vielen von Swamis *Leelas* gewesen war, blieb er skeptisch. Einmal bat er mich, ihn wegen einer Angelegenheit zum Finanzamt zu begleiten. Als wir im Büro von Herrn G. K. Chopra saßen, fingen wir an, über Swami zu reden. Dann begaben wir uns in das Büro von Herrn Chopras Vorgesetztem, und das Thema kam wieder auf Swami. Ich beschrieb gerade einige der Wunder, die sich ereignet hatten, als plötzlich Vibhuti auf dem Schreibtisch erschien und sogar von der Fläche unterhalb der Tischplatte auf den Boden rieselte. Wir waren alle vier verwirrt. Dr. Gupta glaubte immer noch, daß ich vielleicht irgendwelche Chemikalien verwendete, die, wenn sie mit Holz in Berührung kamen, die graue Asche bildeten.

Am selben Tag kamen Dr. Gupta und seine Frau zu mir nach Hause, nachdem sie die Station erst eine halbe Stunde zuvor verlassen hatten. Ihr Gesichtsausdruck verriet vollständige

Verwirrung. Ich fragte sie, was geschehen sei, und sie baten mich nur, sie nach Hause zu begleiten. Ich fragte sie, ob etwas nicht in Ordnung wäre. Sie sagten, daß Vibhuti aus einem Bild von Mutter Lakshmi, das an einer Wand in ihrem Haus hing, zu rieseln beginne. Sie wußten nicht, was sie tun sollten. Ich versicherte ihnen, daß es nur Swamis Zeichen für Seine Gnade und Seinen Segen sei und sie nichts zu befürchten hätten. Ich ging mit zu ihrem Haus und sah das Vibhuti selbst. Ich war noch nie bei ihnen zu Hause gewesen; tatsächlich wußte ich gar nicht, wo sie wohnten. Die Tatsache, daß sich ohne mein Wissen Wunder in ihrem Haus zu ereignen begannen, überzeugte sie nun davon, daß Swami irgendeine übermenschliche Macht war.

Wir erfuhren, daß Swami vom 7. bis zum 9. April 1982 in Delhi sein würde. Ich plante, zusammen mit anderen Sai Devotees aus Patiala dorthin zu fahren. Da Dr. Guptas Glaube sich zu entwickeln begann, äußerte auch er den Wunsch, mit mir zu kommen. Bei unserer Ankunft in Delhi fanden wir Tausende von Menschen, die auf Swamis Heiligen *Darshan* warteten. Wir saßen im mittleren Abschnitt, um einen flüchtigen Blick unseres geliebten Herrn zu erhaschen. Jemand erkannte mich und sagte, ich könne im vorderen Abschnitt sitzen, da ich ein öffentliches Amt innehätte. Da ich Dr. Gupta nicht allein lassen wollte und befürchtete, ihn in der ungeheuren Menschenmenge zu verlieren, entschied ich mich, bei ihm zu bleiben. Swami kam heraus, und als Er an unserem Abschnitt vorbeiging, kam Er direkt auf mich zu. Er segnete meine Fotos und gewährte mir *Padnamaskar*. Auch Dr. Gupta bekam die Gelegenheit, sein Haupt auf Swamis Füße zu legen. Dr. Gupta selbst erinnerte mich an meinen Traum vom 17. Februar, in dem Swami mir gesagt hatte, daß er Ihn bald sehen würde.

Swami hat mir Seine Gegenwart nicht nur zu Hause gezeigt, sondern auch an anderen Orten. In Patiala hielten wir unsere Bhajans im allgemeinen in der S.D. Model School ab, und dort pflegte ich anschließend kurze, zehnminütige Vorträge über ein spirituelles Thema zu halten. Eines Abends war das Bhajan-Singen besonders bewegend, und ich bat Swami, mir Sein *Prasad* zu geben. Er antwortete nicht. Die Bhajans endeten, und das Mikrophon wurde mir gereicht. Ich rief Bhagawan an, daß, wenn Er mir kein *Prasad* gäbe, ich nicht sprechen würde. Plötzlich spürte ich etwas sehr Heißes und Brennendes an meiner rechten Hand. Die Person, die neben mir saß, sah, wie ich meine Faust fest schloß. Ich begann zu sprechen. Danach fragte mich diese Person, was geschehen sei. Ich antwortete, daß ich es ihr später sagen würde. Die Menge löste sich auf, und die restlichen fünfzehn bis zwanzig von uns setzten sich zur Meditation nieder. Als die Meditationszeit vorüber war, öffnete ich meine Hand und fand eine Süßigkeit darin. Ich erzählte den versammelten Devotees, daß mir Swami in der Meditation gesagt habe, daß Er nicht nur mir *Prasad* geben, sondern es auch an alle anderen verteilen werde. Dann entdeckten wir überall auf dem Boden kleine Stückchen derselben Süßigkeit. Jeder hatte an diesem Göttlichen Segen teil.

Wir pflegten einmal in der Woche im *Gita Mandir* in Patiala Bhajans abzuhalten. Nach einigen sehr anrührenden Bhajans wurde ich gebeten, das *Aarti* durchzuführen. Der Kampfer brannte in einer kleinen Schale, die auf einen Teller gestellt worden war. Ich hielt den Teller, während ich das *Aarti* durchführte. Plötzlich sah ich, wie direkt vor meinen Augen Vibhuti auf dem Teller erschien. Jeder nahm das Vibhuti als *Prasad*. Wo auch immer Swamis Pracht besungen wird, dort manifestiert Er sich, um Seine Devotees zu segnen. Das ist genau das, was wir alle, die dort versammelt waren, in unseren Herzen fühlten.

Swami segnet alle Seine Devotees fortwährend, und ich hatte das Glück, von Seinen *Leelas* in den Häusern und Herzen anderer zu hören. Derselbe Dr. Dharam Singh, dem Swami Vibhuti geschickt hatte, wollte einmal Bhajans bei sich zu Hause abhalten, um dem Herrn für Seine Liebe und Seinen Segen zu danken. Dementsprechend beschloß die *Samithi* von Abohar an einem Samstag abend, dort Bhajans zu singen. Normalerweise wurde nach den Bhajans kein Essen gereicht, aber Dharam Singh war so beharrlich und aufrichtig, daß die *Samithi* ihm und seiner Frau erlaubte, uns allen nach den Bhajans ein Abendessen zu servieren.

Während der Bhajans begannen die Blumen an den Bildern eine nach der anderen herunterzufallen. Die Asche, die von den abgebrannten Räucherstäbchen übrigblieb, behielt die Form der Stäbchen, ohne herunterzufallen. Einige standen aufrecht, andere schwebten waagerecht – parallel zum Boden. Es war wirklich ein sehenswerter Anblick. Ich wünschte, ich hätte eine Kamera gehabt, um diese ungewöhnliche Szene aufzunehmen.

Am Montag morgen erzählte Herr Dharam Singh mir von einem anderen Wunder. Seine Frau hatte ihn beiläufig gefragt, wieviel der Bhajanabend gekostet habe. Herr Dharam Singh lachte über ihre Unwissenheit und unterrichtete sie davon, daß fast das gesamte Essen von seinen eigenen Feldern und seiner Molkerei stammte. Das einzige, was er auf dem Markt gekauft hatte, war Zucker im Wert von sechzehn Rupien gewesen. Bald nach diesem Gespräch rief er seine Landarbeiter zu sich, um ihnen ihren wöchentlichen Lohn auszuzahlen. Nachdem er das getan hatte, blieben ihm vierzig Rupien übrig, und er bat seine Frau, sie zusammen mit den zwanzig Rupien, die ein Arbeiter am nächsten Tag abholen wollte, in den Schrank zu legen. Am nächsten Morgen, als Herr Dharam Singh seine

Frau bat, das Geld herauszuholen, lag dort ein zusätzlicher Betrag von sechzehn Rupien in nagelneuen Ein-Rupie-Scheinen. Sie dachten, jemand müsse das Geld dort vergessen haben. Nachdem sie dem Arbeiter sein Geld gegeben hatten, legten sie die vierzig Rupien und die sechzehn Rupien zur sicheren Aufbewahrung wieder in den Schrank zurück. Am Nachmittag verwandelte sich jeder der Ein-Rupie-Scheine auf geheimnisvolle Weise in einen Zehn-Rupien-Schein. Erst später erkannten sie das Ausmaß von Swamis Wunder. Zuerst gab Swami das Geld zurück, das sie für den Bhajanabend ausgegeben hatten – sechzehn Rupien –, dann verzehnfachte er es. Herr Dharam Singh zeigte mir anschließend diese sechzehn Zehn-Rupien-Scheine.

Eine weitere seltsame Erfahrung, von der er mir erzählte, bewies Swamis Gegenwart. Eines Tages sahen er und seine Familie Rauch aus genau diesem hölzernen Schrank hervorkommen. Sie befürchteten, daß es irgendeinen elektrischen Kurzschluß gegeben habe und der Schrank zu brennen begonnen habe. Als sie den Schrank öffneten, fanden sie ein Räucherstäbchen vor Swamis Foto brennen. Den ganzen Morgen über hatte niemand den Schrank angefaßt.

Bei einer anderen Gelegenheit kam ein junger Mann zu Dharam Singhs Haus. Er bemerkte, daß Herr Dharam Singh ein Foto von Swami über das von *Guru* Gobind Singh Ji an seine Wand gehängt hatte. Er sagte zu Dharam Singh, er solle das Foto des Hindu-*Sadhu* abnehmen, da niemand höher stehe oder mächtiger sei als *Guru* Gobind Singh Ji. Dharam Singhs Sohn, der erst sechs oder sieben Jahre alt war, sagte zu dem Mann: „Du weißt es nicht. Er ist Sai Baba, der *Avatar* Shivas – desselben Shiva, zu dem unser zehnter *Guru* betete und den er um Segen bat. Bitte geh. Wir werden das Foto nicht entfernen." Der Junge berichtete die Angelegenheit gleich seinem

Vater. Einige der Sikh-Einwohner des Dorfes wollten nicht, daß Dharam Singh irgendeinem Hindu-*Guru* folgte. Dharam Singh versuchte ihnen zu erklären, daß Sai Baba eine Inkarnation Gottes sei, aber sie weigerten sich zuzuhören. Nur ein Wunder Swamis überzeugte sie. Das Räucherstäbchen vor diesen Bildern brannte ab und nahm die Form des heiligsten aller Symbole der Sikh-Religion, *„Ek Omkar"*, an und übermittelte so Swamis Botschaft, daß es nur einen Gott gibt. Jeder, der das sah, war vollkommen erstaunt. Die Dorfbewohner belästigten Dharam Singh nie wieder. Ich ging am nächsten Tag zu ihm nach Hause und fand die Asche in der Form des Symbols immer noch in der Luft hängen. Swami ist das höchste Göttliche Prinzip, das früher in Form der Zehn Verehrten *Gurus* der Sikhs gekommen war, um allen den Weg der Wahrheit, der Rechtschaffenheit, der Liebe und des Friedens zu zeigen.

Wenn Dinge geschehen, die wir nicht erklären können, nennen wir sie Zufälle. Aber in Gottes meisterhaftem Plan ist nichts Zufall. Alles soll zu seinem eigenen Zeitpunkt geschehen. Einmal ging mein ältester Bruder, Basant *Bhayya*, für eine militärische Ausbildung nach Rußland. Er nahm zwei meiner Bücher zum Lesen mit. Eines davon war *Baba Satya Sai* von Ra Ganapati. Am vorletzten Tag seines Aufenthalts rief ihn ein russischer Herr in seinem Hotelzimmer an. Nachdem er meinen Bruder nach seinem Namen gefragt hatte, wollte er wissen, ob er ein Devotee von Sri Sathya Sai Baba sei. Für einen Augenblick verdächtigte mein Bruder den Mann, ein KGB-Agent oder ein Mitglied irgendeiner anderen geheimen Gruppe zu sein, aber nachdem er sich an Swami und Seine Botschaft erinnerte, antwortete mein Bruder, daß er ein Devotee sei. Dann erzählte ihm der Herr, daß er, seine Frau und seine Mutter alle Devotees von Swami seien. Swami würde sie oft in Träumen besuchen und sie leiten. Sie alle drei lehrten Englisch an einer Schule. Swami erschien seiner Mutter in einem Traum und sagte ihr, sie solle ihren Sohn auffordern, Verbindung mit meinem Bruder aufzunehmen, um von ihm ein Buch über Swami zu erhalten, damit sie mehr über Babas *Leelas* erfahren könnten. Swami gab ihr den Namen und die Adresse von meinem Bruder. Mein Bruder war erstaunt, Sai Devotees in Rußland zu finden. Er gab dem Herrn das Buch, nachdem er „Mit Liebe und Segen von Swami" darauf geschrieben hatte. Dieser russische Bruder weinte buchstäblich vor Freude, nachdem er das erste Buch über Swami erhalten hatte, denn zu jener Zeit war Sai-Literatur dort nicht erhältlich. Er dankte meinem Bruder überschwenglich und ging mit dem Buch davon.

Am nächsten Tag kehrte der Mann zurück und sagte, daß Swami ihn angewiesen habe, Vibhuti *Prasad* von Bhayya zu holen. Mein Bruder erwiderte, daß er noch nie Vibhuti von Swami erhalten habe. Beide waren ratlos, was nun zu tun sei. Plötzlich erinnerte Bhayya sich, daß ich ihm ein Päckchen Vibhuti mitgegeben hatte, das Swami uns in einem der Interviews gegeben hatte, und eine kleine Menge von materialisiertem Vibhuti, das mir von Swami bei einer früheren Gelegenheit gegeben worden war. Der Russe war äußerst dankbar für dieses Geschenk Göttlicher Liebe. Er informierte meinen Bruder darüber, daß auch andere Familien in der Gegend Sai Devotees seien und sie sich alle regelmäßig zu Bhajans träfen. Als mein Bruder mir den ganzen Vorfall erzählte, war meine Reaktion ambivalent. Ich war glücklich darüber, daß Swami uns dazu auserwählt hatte, Sai-Brüdern und -Schwestern in Rußland Seine Liebe zu senden, aber ich war traurig, weil das betreffende Buch nicht mehr gedruckt wurde. Ich benötigte dieses Buch dringend, da Professor Shyam Sundar, der Präsident des Staates Himachal Pradesh, mich mit einer Aufgabe betraut hatte, die ich ohne bestimmte Hinweise, die nur in diesem Buch zu finden waren, nicht vollenden konnte. Professor Sundar fragte mich einige Male, ob ich die Arbeit beendet hätte, und ich konnte es nicht bejahen, da ich das Buch, das ich brauchte, nicht hatte.

Während einer meiner nachfolgenden Reisen nach Prashanti Nilayam ging ich zur Bank, um etwas Geld abzuheben, als ich einen kleinen Laden direkt gegenüber der Bank bemerkte. Dort wurden Bücher und Kassetten der Vivekananda Mission verkauft. In diesem Laden fand ich einige interessante Bücher über Vivekananda und Sri Ramakrishna Paramahamsa. Es gab eine Reihe kleiner Broschüren mit dem Titel „Also sprach ...". Unter ihnen fand ich ein größeres Buch. Als ich es herauszog, sah ich den Buchtitel: *Baba Satya Sai* von Ra Ganapati – das Buch, nach dem ich monatelang gesucht hatte! Ich fragte den Ladeninhaber, woher er das Buch hatte, und er war verwirrt. Er sagte, daß er gestern seine Lieferung von der Vivekananda Mission erhalten habe und dieses Buch nicht dabeigewesen sei. Tatsächlich hatte er kein einziges anderes Buch über Swami im ganzen Laden. Der Besitzer spürte, daß ich verrückt nach diesem Buch war, und berechnete mir den anderthalbfachen Preis. Mir ging es aber nicht um das Geld. Ich war so glücklich, dieses Buch zu finden – und noch dazu auf so geheimnisvolle Weise. Es war ein weiteres *Leela* von Swami, das es zu genießen galt. Einmal befragte jemand Swami über die „Kommunisten" („communists"), und Er erwiderte mit viel Witz und Humor: „Kommunist bedeutet: Du kommst als nächster." („Communist means come you next.") Und diese besondere Erfahrung ist ein sehr guter Beweis für die Wahrheit der Worte unseres Herrn, die Er vor fast drei Jahrzehnten gesprochen hat.

Ich glaube, eines der größten Wunder, die mir widerfuhren, ereignete sich im Dezember 1981. Eines Nachts hatte ich einen Traum, in dem ich Baba auf einem Stuhl in Seinem Zimmer sah. Er hielt einen goldenen Schreibblock und schrieb mit einem goldenen Füllfederhalter. Ich saß auf dem Boden in der Nähe der Lotusfüße des Herrn. Plötzlich hatte ich das dringende Bedürfnis, Swami um den wunderschönen Füllfederhalter zu bitten. Swami sah mich nur an und sagte: „Gieriger Kerl." Hier endete der Traum, und ich erwachte mit der **größten Überraschung** meines Lebens. Derselbe goldene Füllfederhalter lag auf meinem Kopfkissen, mit Tinte in der Spitze, was darauf hindeutete, daß er gerade benutzt worden war. Ich habe dieses großartige Geschenk des Herrn noch immer und werde es immer hoch schätzen.

Die Geschichte der Leelas des Herrn ist reiner Nektar; sie hat keinen anderen Bestandteil, keinen anderen Geschmack, keinen anderen Inhalt. Jeder kann sich satt trinken an jedem Teil dieses Ozeans aus Nektar. Dieselbe Süße ist überall vorhanden, in jedem Teilchen. Es gibt nichts Minderwertiges, das die Süße verdirbt.

„Sathya Sai"

7. Bruder Sham

Ich habe den lieben Sham schon bei verschiedenen Gelegenheiten erwähnt. Wir haben viele Dinge zusammen erlebt, das wichtigste war unser geliebter Bhagawan. Ich traf Sham im Juli 1981. Mein Freund Vijinder hatte mich in den Laden von Herrn Hari Chand Danwar mitgenommen, wo ich Sham begegnete, der dort saß. Jemand hatte mir geraten, einen silbernen Ring mit einer weißen Perle darin zu tragen, um jegliche bösen Kräfte abzuwehren, und ich war zu Shams Schmuckgeschäft gegangen, um den Ring zu kaufen. Unsere Augen blieben sofort aneinander hängen. Mein Geist wurde von so vielen Gedanken überflutet. Es war, als ob ich Sham schon immer gekannt hätte, obwohl wir uns gerade erst begegnet waren. Ich kam am nächsten Tag wieder, um den Ring abzuholen, aber als ich zu Hause ankam, fiel die Perle prompt heraus. Am nächsten Tag ging ich in das Geschäft zurück und redete ziemlich barsch mit Sham, aber er blieb völlig ruhig. Ich war von seinem Gleichmut beeindruckt, und unsere Freundschaft entwickelte sich sogleich zu einer, die – dessen bin ich sicher – ein Leben lang halten wird.

An meinem dreißigsten Geburtstag, dem 27. September 1981, rief Swami uns zu einem Interview. Es war meine erste Reise nach Prashanti Nilayam. In der *Darshan*-Reihe fragte mich Swami: „Was willst du?“ Ich antwortete: „Baba, ich möchte für eine Weile zu Deinen Lotusfüßen sitzen.“ Plötzlich sah Swami Sham an, der in einiger Entfernung von mir saß, und sagte: „Wer ist er?“ Ein Gedanke schoß mir durch den Kopf, daß Du, Swami, unser Vater und unsere Mutter bist und wir alle Deine Kinder sind. So antwortete ich: „Swami, er ist mein Bruder." Bhagawan fragte: „Dein Bruder?" Ich erwiderte: „Ja, Swami." Dann rief Er uns beide zum Interview. Als Swami uns in das innere Zimmer für ein persönliches Interview rief, sagte ich zu Sham, er solle mit seiner Frau und seinem Sohn zuerst gehen. Gleichzeitig bat er mich, als erster zu gehen, da es mein Geburtstag war. Baba kam heraus und sagte: „Ihr kommt beide." Er fuhr fort, uns etwas höchst Außergewöhnliches zu offenbaren. Er sagte uns: „Wißt ihr, wer ihr seid? Ihr seid wirkliche Brüder aus dem letzten Leben. Swami hat euch wieder zusammengebracht. Lebt von nun an als Brüder." Und das haben wir wirklich getan.

Zu Shams dreißigstem Geburtstag waren wir wieder zusammen in Prashanti Nilayam. Wir beteten beide ernsthaft zu Swami, ihn an diesem Tag zu segnen. Früh am Morgen begrüßte ich Sham, indem ich ihm wünschte: „Viele glückliche Male möge sich der Tag wiederholen." Sham bat mich, Swami zu ersuchen, uns ein Interview zu gewähren. Ich sagte: „Sham, ich werde unserem geliebten Herrn sagen, daß heute dein Geburtstag ist. Laß es uns Seinem Willen überlassen."

Swami kam direkt zu uns in die *Darshan*-Reihe und sagte: „Kommt beide mit." Dies waren genau die Worte, auf die unsere Ohren in den letzten Tagen so ungeduldig gewartet hatten. Im Interviewraum waren zehn Frauen und neun Männer. Swami betrat den Raum, und nachdem Er rücksichtsvoll den Ventilator und das Licht eingeschaltet hatte, materialisierte Er Vibhuti für die Damen. Er fragte eine der Damen: „Wie ist deine Gesundheit?" Sie antwortete: „Besser, Swami." Er fuhr fort: „Oh ja, aber nicht sehr gut." Er materialisierte ein schönes Medaillon für sie mit Seinem Porträt auf der einen und „Om" auf der anderen Seite. Eine andere Dame aus Italien gab Swami ihren Ring und sagte: „Bhagawan, ändere dies."

Swami sagte: „Was ändern?" Der Ring hatte einen riesigen Türkis. Swami blies dreimal darauf, und er verwandelte sich in einen nagelneuen Silberring mit einem schönen Foto von Baba, wie Er mit Seiner rechten, erhobenen Hand segnet. (Am nächsten Tag wurde sie nochmals von Swami gerufen. Durch die bloße Berührung Seiner Hand verwandelte Swami den Silberring in Gold.)

Zu Sham gewandt sagte Swami: „Du hast Geburtstag heute!" und mit einer flinken Bewegung Seiner Hand brachte Er ein schönes Armband hervor, das Er Selbst um Shams Handgelenk legte. „Viele glückliche Male möge sich der Tag wiederholen. Lebe ein sehr glückliches und langes Leben." Swami nahm uns beide mit in den inneren Interviewraum. Die meisten Einzelheiten dieses Interviews wurden bereits beschrieben.

Als das Interview zu Ende ging, stand Swami auf, und wir sahen ein außergewöhnliches Strahlen und Glühen in seinem Gesicht. Er wandte sich schnell Sham zu, der zu Seiner Linken stand, und küßte ihn. Ich konnte nicht glauben, daß Sham so viel Glück hatte. Kaum war dieser Gedanke in mir aufgestiegen, als Swami auch schon zu mir herumwirbelte und mich auf die linke Wange küßte, da ich zu seiner Rechten stand. Dann wurde Swami plötzlich sehr ruhig und still, als ob Er in der Vergangenheit versunken wäre. Dies waren Augenblicke der höchsten Seligkeit für uns beide. Uns war, als stünde SAI MA zwischen uns und sagte zu Ihren Kindern: „Sham, du auf dieser Seite (links), und Naresh, du auf dieser Seite (rechts). Liebt SAI MA." Als wir dem Göttlichen Befehl folgten und Swami umarmten, wurden wir in eine Welt des vollkommenen und höchsten Friedens und der Seligkeit befördert. Ich weiß wirklich nicht, ob wir in diesen Augenblicken überhaupt existierten, aber als wir in unsere sterblichen, physischen Hüllen zurückkehrten, waren wir geschmolzen wie Eis. Meine linke

Hand befand sich inmitten dieser wunderschönen Locken des geliebten Bhagawan. Ich hielt das Haar des Herrn fest in meinem Griff. Es war weich wie Samt und zart wie Seide. (Während der ganzen Reise war ein tiefer innerer Drang in mir gewachsen, Swamis Haar zu berühren. Ich beschrieb Sham die Heftigkeit dieses Wunsches bei zahlreichen Gelegenheiten, und er lächelte nur über meine Verrücktheit.) Ich kann nicht annähernd ausdrücken, welche Freude ich empfand, als Swami meinen Wunsch erfüllte. Danach weinten wir beide wie kleine Kinder. Swami legte unsere Köpfe an Seine Brust und tätschelte uns langsam wie eine liebende Mutter. Er sagte: „Ihr seid sehr gute Jungen. Sehr edle Seelen. Sehr reine Herzen. Swami mag euch beide und liebt euch beide. Swami sagt zu anderen: ‚Warum sich fürchten, wenn Ich hier bin‘ (‚Why fear when I am here‘), aber für euch ist Swami beides, NAH und TEUER (NEAR and DEAR)." Welcher Devotee hätte sich nicht gewünscht, für immer und ewig in Swamis Schoß zu bleiben? Aber Bhagawan setzt für alles eine Zeit, und auch wir mußten diesen Raum verlassen. Wir hatten uns unserem geliebten Herrn völlig hingegeben und nahmen die Erinnerungen an diese kostbaren Augenblicke mit uns, als wir den Raum verließen.

Sowohl Shams Leben als auch das meine änderten sich für immer in der schicksalsschweren Nacht des 8. Mai 1984. Um 23:45 Uhr hörte ich ein Klopfen an der Tür meines Büros. Es war Shams jüngerer Bruder Kamlesh, der gekommen war, um mir zu sagen, ich solle in die Notaufnahme eilen, da Sham einen schweren Autounfall erlitten habe. Ich ging sofort mit ihm und fand Sham im Wagen liegen. Sein Zustand war erschreckend. Da er eine Rückenmarksverletzung erlitten hatte, würde er querschnittsgelähmt bleiben – mit dem vollständigen Verlust aller motorischen und sensorischen Fähigkeiten unterhalb des Bauchnabels. Ich kämpfte, um meine betäubten

Gefühle zu sammeln und der Szene mit Mut gegenüberzutreten. Als erstes mußte Sham außer Gefahr gebracht werden; dann mußten er und seine Familie geistig auf die neue Art des Lebens vorbereitet werden, die sie erwartete. Die Liebe, die unsere Sai-Brüder und -Schwestern in Patiala verströmten, war unermeßlich. Wir können ihnen ihre Taten der Hingabe und Güte niemals vergelten. An Guru Purnima kehrten wir mit Sham in einem Rollstuhl nach Abohar zurück.

Unsere beiden Familien und einige andere Sai Devotees aus Patiala beschlossen, zusammen nach Prashanti Nilayam zu reisen, um zu den Göttlichen Lotusfüßen unseres Herrn zu sitzen. Besonders Sham war darauf aus, Bhagawans Segen zu erhalten. Am 16. August 1984 brachen wir mit dem Karnataka-Expreß nach Puttaparthi auf. Im Bahnhof hörten wir noch, daß der oberste Minister von Andhra Pradesh und seine Regierung im Begriff waren, gestürzt zu werden. Als wir am folgenden Tag Secunderabad erreichten, wurden die Gerüchte bestätigt. Der Staat wurde unter Gouverneursgewalt gestellt. Eine Woge der Gewalt brach in ganz Andhra aus. Nachdem unser Zug Secunderabad verlassen hatte, wurde er mehrmals von unbändigen, steinwerfenden Menschenmengen aufgehalten. Als wir schließlich um Mitternacht des 18. August den Bahnhof von Guntakal erreichten, hatte der Zug bereits etwa zehn Stunden Verspätung. Dort wurden wir darüber informiert, daß der Zug nach Bangalore umgeleitet würde und wir die Wahl hätten, bis Bangalore mitzufahren oder in Guntakal auszusteigen. Wir entschieden uns, nach Bangalore weiterzureisen. Nach einer äußerst ermüdenden Reise, die sechsunddreißig Stunden länger als geplant dauerte, kamen wir in Bangalore an und traten erschöpft den letzten Teil unserer Reise in einem Taxi an.

Wir hatten über hundert Kilometer zurückgelegt, als wir Dr. Fanibunda trafen. Er kehrte von Prashanti Nilayam zurück und informierte uns, daß die vor uns liegende Strecke von mehreren Gruppen von Aufständischen blockiert würde. Er riet uns, nach Bangalore zurückzukehren und dort ein paar Tage zu bleiben, bis sich die Lage etwas beruhigt hätte. Aber die Intensität unserer Hingabe an unseren Herrn war so groß, daß wir beschlossen, weiterzufahren. Nach einer Weile hielt uns eine Lastwagenladung von Menschen mit Steinen und Ziegeln in den Händen an. Wir stiegen aus dem Taxi aus, die Hände gefaltet zum Gebet an Bhagawan, daß er uns beschützen möge. Zwei Mitglieder der Gruppe erklärten sich überraschenderweise bereit, uns nach Puttaparthi zu begleiten. Wir trafen vier oder fünf solcher Menschenmengen auf dem Weg nach Puttaparthi, aber Swami kümmerte sich jedesmal um uns. Wenn Er wollte, daß wir Seinen Aufenthaltsort erreichten, wer konnte uns aufhalten? Der Anblick der Tore von Prashanti Nilayam erfüllte uns mit Freude und Dankbarkeit. Ein Schwarm von Menschen umringte uns, als wir hereinkamen, neugierig darauf, zu erfahren, wie wir unter so gefährlichen Bedingungen hierhergelangt waren.

Wir erfuhren, daß Swami täglich Vorträge über die *Gita* hielt. Was für ein glücklicher Zeitpunkt, hier anzukommen! Seine melodische Stimme, das Göttliche *Amritha*, erfüllte uns mit *Ananda*. Die Tage vergingen, und wir beteten intensiv zu Swami, uns ein Interview zu gewähren, damit wir Ihn bitten konnten, Shams Beine wiederherzustellen. Schließlich rief der barmherzige Herr uns herein. Man stelle sich den Zustand meines Herzens vor. Ich ging, um diesen meinen geliebten Bruder in seinem Rollstuhl zur Veranda zu bringen. Bei so vielen früheren Gelegenheiten waren wir Seite an Seite auf eben diesem Weg zum Interviewraum gegangen. Ich fühlte mich, als würde der Himmel über mir einstürzen.

Swami kam anmutig herein, deutete auf Sham und sagte wissend: „Keine Wahl, keine Auswahl. Du bist Vorsitzender („chairman": chair = Stuhl, man = Mann) geworden." Dann führte er genauestens alle Probleme auf, denen Sham gegenüberstand. Er sagte uns, daß Sham zum Sterben bestimmt gewesen war, Swami aber eingeschritten sei und die Bestimmung in diese Verletzung umgewandelt habe. (Ich erinnere mich, daß Bhagawan Shams Frau Usha am 27. September 1981 gesegnet und ihr gesagt hatte, daß ihr Mann ein langes Leben haben würde.) Wir beteten zu Baba, Shams Beine wiederherzustellen. Er antwortete, daß Er das am „Geburtstag" tun würde. Wir fragten: „Welcher Geburtstag?" Swami antwortete: „NÄCHSTER GEBURTSTAG." Wann dieser nächste Geburtstag kommen wird, weiß ich nicht.

Bald darauf kamen Sham und seine Familie nach Prashanti Nilayam, um dauerhaft dort zu leben. Jeder dort weiß, wieviel Gnade und Liebe Sham von Swami erhalten hat. Mehrmals hat Swami zu Sham gesagt, er solle aufstehen und gehen. Aber jetzt fühlen sich Sham und Usha beide viel glücklicher so, wie sie sind. Sham sagte mir einmal: „Was habe ich mit diesen Beinen zu tun, die mich von hier wieder in diese mondäne und materialistische Welt zurücktragen würden, in der alles, was geschieht, falsch ist?" Man muß **Ergebenheit, Glaube, Hingabe und Geduld von diesem jungen Paar** lernen.

In einem meiner Interviews zog Swami, nachdem Er mich in den inneren Interviewraum geholt hatte, meinen linken Hemdsärmel nach oben, zeigte auf die Armbanduhr, die ich trug, und sagte: „Du hast die Uhr von deinem Freund geliehen?" Ich antwortete: „Ja, Swami." Er fuhr fort: „Keine Sorge, Swami wird das ändern." Dann sprach er über einige andere Angelegenheiten. Der nächste Tag, der 9. Dezember 1991, war zufällig Shams Geburtstag. Seit ich aufgewacht war, hatte ich zu Swami gebetet, Er möge Sham segnen. Während des Morgen-*Darshan* kam Swami direkt auf mich zu und fragte: „Heute ist der Geburtstag deines Bruders?" Ich sagte: „Ja, Swami." Er sagte, ich solle zum Interview gehen. Verwirrt darüber, ob ich oder Sham gehen sollte, zögerte ich. Swami stellte klar: „Nein, du gehst." Drinnen sagte Er wieder: „Der Geburtstag deines Bruders." Er bewegte Seine Göttliche Hand und brachte eine schöne goldene Citizen-Armbanduhr hervor. Swami legte sie um mein linkes Handgelenk. Wieder war ich verwirrt und fragte Swami, ob die Uhr für mich oder für Sham bestimmt sei. Swami bekräftigte, daß sie für mich sei. Ich war so glücklich, daß Swami am Geburtstag meines Bruders so gütig mir gegenüber handelte. Die Nähe, die ich zu Sham empfinde, kann mit nichts verglichen werden.

8. SHAKTHI

Swami hat mir immer die Kraft gegeben, die Prüfungen in meinem Leben durchzustehen. Aber in bestimmten Fällen habe ich die *Shakthi* buchstäblich *gefühlt*, die Er in mich strömen ließ. Ich weiß jetzt, daß es diese *Shakthi* ist, die mich mich bewegen, arbeiten, leben und lieben ließ. Möge Er mir auch weiterhin mein ganzes Leben hindurch diese Energie und Kraft gewähren.

Sham war ebenso ein Empfänger dieser Gnade. Während desselben Interviews im Dezember 1983 fragte Swami mich, was ich von Ihm brauche. Zu Seinen Lotusfüßen sitzend sagte ich: „Swami, gib mir *Shakthi* hierher (meine Hände hebend) und *Bhakthi* hierher (auf mein Herz deutend)." Dann nahm Swami Shams rechten Zeigefinger und hielt ihn zwischen die große Zehe und die zweite Zehe Seines rechten Fußes. Und Swami fuhr fort, sich mit uns zu unterhalten. Als wir den Interviewraum einige Zeit später verließen, merkte Sham, daß sein rechter Arm völlig geschwollen und rotglühend war. Dieser Zustand hielt mehrere Stunden lang an – als Zeichen für die *Shakthi*, die Swami in Sham hatte einfließen lassen für all die Schwierigkeiten und Verletzungen, die in seinem Leben vor ihm lagen.

Später an diesem Tag, als wir in der *Darshan*-Reihe saßen, materialisierte Swami Heiliges Vibhuti für einen Jungen namens John, der neben mir saß. Johns Geschichte wird im nächsten Kapitel beschrieben. Nachdem Er etwas Vibhuti in Johns ausgestreckte Hand gestreut hatte, gab Swami den Rest mir. Während Er meine Hand in die Seine nahm, zwickte Er meine Hand heftig. Ich ergriff die Gelegenheit und küßte die Hand des Herrn, während sie in meiner eigenen lag. Erst später erkannte ich, daß Swami mir meine frühere Bitte erfüllte und Seiner *Shakthi* erlaubte, in meine Hände zu fließen. Wahrhaftig, ohne Seinen Willen und Seine Macht kann niemand von uns irgend etwas tun. Wir sind nur Werkzeuge im Göttlichen Plan.

Einmal, als ich beim *Darshan* saß, kam Swami und stand direkt vor mir, während Er zu einem Devotee sprach, der neben mir saß. Er stand so nahe, daß Sein Gewand fast mein Gesicht berührte. Ich legte meine rechte Hand über Seinen linken Fuß und begann ihn zu drücken. Dann setzte Swami Seinen rechten Fuß über meine Hand und fing meinen Zeigefinger zwischen Seiner großen und zweiten Zehe. Er drückte ihn mehrere Minuten lang sehr fest und lud mich so mit Göttlicher Energie und Liebe auf.

Kürzlich wurde mir eine große Verantwortung übertragen, und ich betete zu Bhagawan, mir die Kraft und Weisheit zu verleihen, sie zu erfüllen. Voller Gnade erschien mir Swami in einem Traum und bat mich, Seine beiden Hände in meinen Mund zu nehmen. Dann wies Er mich an, an ihnen zu saugen, und ich schmeckte das beseligende *Amritha* auf meiner Zunge. Ich wachte auf, und es war Mitternacht. Danach versank ich mehrere Stunden lang in der Seligkeit dieses Traumes und dankte Bhagawan überschwenglich für die Kraft, die Er mir verliehen hatte.

Es gibt noch mehrere Fälle, in denen ich fühlte, wie Swami mich mit Seiner Göttlichen Energie auflud. Zwei Episoden werden ausführlich in späteren Kapiteln beschrieben. Tatsächlich fühlte ich, wann immer ich von Swami berührt wurde, einen augenblicklichen Fluß von *Shakthi* von Ihm zu mir. So oft hat Swami mich, sowohl auf einer physischen als auch auf einer mentalen Ebene, getätschelt, umarmt, geliebt. Jedesmal schenkt Er Seinen Segen und Seine Gnade.

Baba stattet Menschen mit **Shakthi** *aus, mit Energie, mit Kraft. Pradaaya bedeutet: „Für Ihn, der beschenkt." Baba schenkt Kraft, Energie und Intelligenz. Denn Er ist* **Shakthi Swarupa,** *die Verkörperung von* **Shakthi.**

„Sathya Sai"

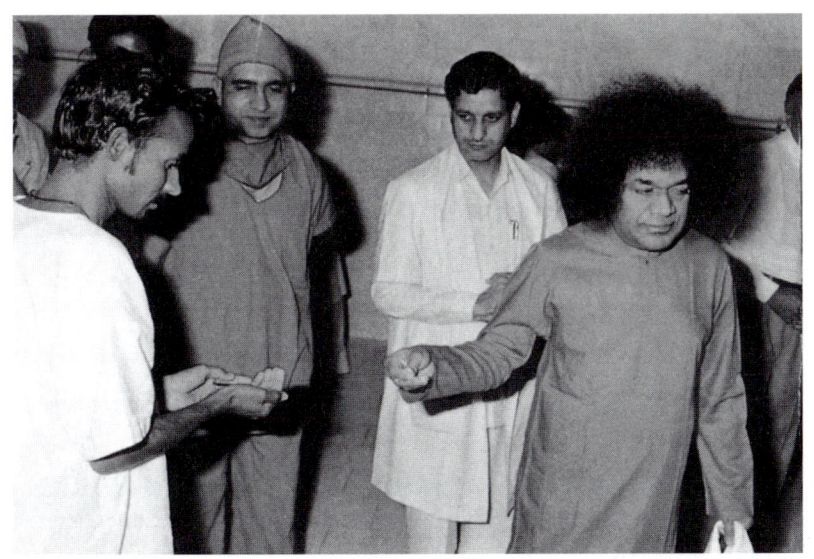

Der Göttliche Arzt – einen Herzpatienten in der Abteilung
für Kardiologie mit Heiligem Vibhuti segnend

Swami mit Frau Dr. Poonam Bhatia nach der Einweihung
des neuen Zahnarztstuhls im Sri Sathya Sai General Hospital
in Prashanti Nilayam

Der geliebte Herr mit Dr. Bhatia, seiner Frau und
seinen Töchtern

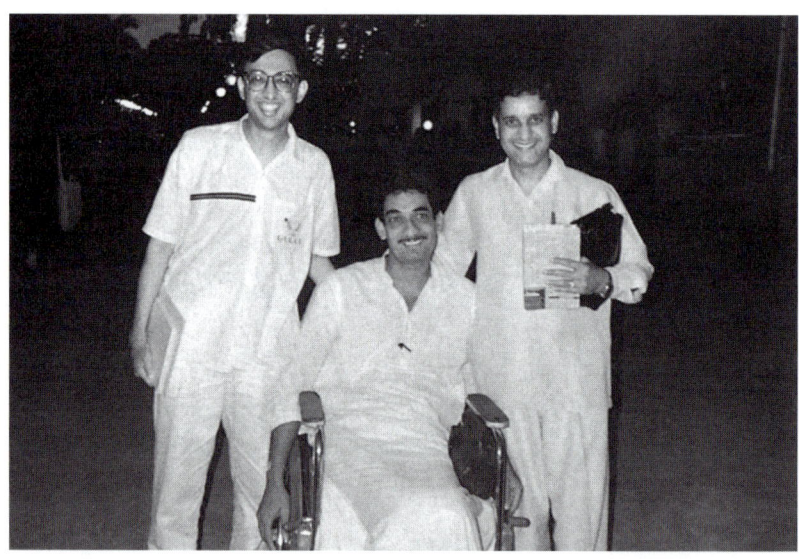

Bruder Sham, der liebe Sanjay Chhiber und Dr. Bhatia
– „das Lächeln der Liebe und des Vertrauens"

9. WELTLICHE BINDUNG

In vielen Seiner Reden sagt Swami, wir sollen nicht an materielle Dinge gebunden sein. Die Welt ist *Maya*: Es ist alles eine Illusion, sagt Er. An Menschen, Gegenstände oder Wünsche gebunden zu sein, bringt uns nur Schmerzen. Das einzige, an das wir gebunden sein sollten, ist der Herr, denn Er wird uns nie verlassen oder in irgendeiner Weise weh tun. Es ist leicht, diesen Gedanken zu verstehen, aber es ist sehr viel schwerer, ihn in die Tat umzusetzen. Oftmals entstehen Situationen, in denen wir jemandem helfen oder etwas Gutes tun möchten. Uns erscheint es, als verrichteten wir *Seva*. Aber wir wollen das Ergebnis unserer Handlungen beeinflussen. Hier beginnen unsere Schwierigkeiten. Wir müssen unsere Pflicht nach besten Kräften und mit reinem Gewissen erfüllen und die Konsequenzen Gott überlassen. Eine einfache Idee, aber wie leicht werden wir durch die Welt verwickelt und an die Ergebnisse unserer Handlungen gebunden.

In Prashanti Nilayam kamen Sham und ich eines Tages vom Mittagessen zurück, als wir einen ausgesprochen reizenden und hübschen Jungen von ungefähr zwölf Jahren trafen. Er gefiel uns sofort. Er sagte uns, sein Name sei John und er sei aus Griechenland. Wir fragten ihn, wohin er in der heißen Nachmittagssonne ginge, und er antwortete, daß er einen Spaziergang machen wolle. „Ganz allein?" fragte ich. „Ja", antwortete er zuversichtlich. Wir boten an, ihm einige der Sehenswürdigkeiten in Puttaparthi zu zeigen und mit Kalpavriksha, dem wunscherfüllenden Baum, anzufangen. Während wir gingen, erzählte uns John, daß er an der Hodgkin-Krankheit leide, einem tödlichen Krebs. Ihm war in den USA bereits die Milz entfernt worden, und er hatte sowohl eine Strahlentherapie als auch eine Chemotherapie durchgemacht. Nun nahm er Cortison und Penicillin und wartete auf das Unvermeidliche.

Am selben Abend, an dem er angekommen war, rief Swami John und seine Mutter zu einem Interview. John sagte, daß Swami nur über seine Krankheit gesprochen habe, aber John wollte ihn so vieles mehr fragen. Schließlich war er nicht nur ein Patient, sondern auch ein menschliches Wesen. John wollte über das Leben erfahren: Was ist gut? Was ist schlecht? Was sollte ich tun, um gut zu werden? Warum handeln Menschen schlecht und nutzen gute Menschen aus? Sham und ich waren beide sehr beeindruckt von den Fragen und der spirituellen Einsicht dieses Jugendlichen. Gebete für ihn entsprangen unmittelbar unseren Herzen.

An diesem Abend saßen wir beim *Darshan* in der ersten Reihe. Als Swami auf uns zukam, liefen Sham und mir stille Tränen für John über die Wangen. Als Swami vor uns stand, erhob ich mich demütig und betete: „Baba, bitte heile dieses Kind. Es leidet an einem fortgeschrittenen Stadium der Hodgkin-Krankheit." Swami sagte: „Ja, ich weiß. Der Junge hat Krebs." Ich sagte zu Swami: „Ja, Lymphknotenkrebs. Seine Milz wurde bereits entfernt. Bitte, Bhagawan, segne ihn." Baba erwiderte bestimmt: „Keine Empfehlungen." Ich fuhr fort: „Nein, Bhagawan, es ist keine Empfehlung, sondern das echte Gebet eines Deiner *Bhakthas*." Baba fragte das Kind: „Wie geht es dir jetzt?" Ich antwortete: „Swami, er hatte heute Fieber. Das ist kein gutes Zeichen." Swami antwortete nicht; Er erlaubte mir, *Padnamaskar* zu machen, und ging dann weiter.

Die ganze Nacht beteten Sham und ich intensiv für John. Bis zum Morgen waren unsere Kopfkissen von Tränen durchnäßt. Es muß irgendeine Verwandtschaft zu ihm in einem früheren Leben gegeben haben, da wir so schnell von ihm so berührt wurden. Am nächsten Tag waren wir beim *Darshan* wieder in der ersten Reihe. John war diesmal nicht bei uns. Der Allmächtige Gott kam direkt auf uns zu und sagte: „Ihr betet beide für ihn." Plötzlich standen Sham und ich auf, und ich sagte: „Baba, bitte nimm mein Leben, aber rette diesen Jungen." Sham sagte: „Übertrage diese Last auf mich." Und Swami sagte: „Wie kann ich sie dir geben?" Ich betete: „Swami, mein Glaube sagt mir, daß Du Gott bist. Du kannst alles tun." In meinem Herzen betete ich zu Swami – *Laß meinen Glauben an Dich heute zerbrechen, oder laß Deine Gnade in diesen Jungen fließen.* Bhagawan antwortete mir: „Ja, ich weiß, ich kann alles tun, aber jeder muß die Früchte seines oder ihres früheren *Karma* tragen." Als wir mit gefalteten Händen zu Bhagawan beteten, sprach Er: „Ich weiß, er ist sehr ernsthaft. Dieser Körper ist genau wie eine Wasserblase. Er kommt und geht, kommt und geht, kommt und geht." An diesem Punkt bot Sham das Leben seines einzigen Sohnes an Stelle von Johns. Swami fragte: „Wollt ihr den Sohn oder Swami?" Wir antworteten sofort: „Swami!" Dann segnete Er das Notizbuch, in das ich dieses Kapitel meiner Autobiographie schrieb. Als wir zum Zimmer zurückkehrten, fragte uns John begierig, ob Swami irgend etwas über ihn gesagt habe. Wir versicherten ihm, daß Swami ihn bestimmt gesund machen würde.

Nach einer weiteren ganzen Nacht der Gebete für den Jungen saßen wir wieder beim *Darshan*. Diesmal in der vierten Reihe sitzend, warteten wir geduldig auf die Ankunft des Allmächtigen Herrn. Als Bhagawan zu uns kam, stand ich auf. Er fragte mich nach der Pigmentierung in Johns Gesicht. Ich sagte ihm, daß dies eine Nebenwirkung des Cortisons sei. Swami sagte: „Ja, das ist eine Cortisonwirkung." Ich erzählte Swami, daß John wieder Fieber hatte, und Swami antwortete mit der majestätischen und vertrauten schwingenden Bewegung Seiner Hand. Er schüttete einen Haufen Vibhuti in Johns Hand.

Am Abend näherte Swami sich uns und sagte: „Matru Naasti, Pitru Naasti ..." „Keine Mutter, kein Vater, kein Bruder, keine Verwandtschaft vor der Geburt. Alle Bindungen sind nach der Geburt entstanden. Warum seid ihr so an ihn gebunden? Der Körper wird vergehen. Habt keine so starke Bindung an einen Sterblichen. Habt Bindung nur an Swami. Den ganzen Tag und die ganze Nacht betet ihr für dieses Kind. Habt keine Bindung an andere, nur an Swami." Nochmals wiederholte Er: „Keine Mutter, kein Vater ..." Dann segnete Er unsere Fotos. Sham und ich baten Swami, „Für John" auf eines zu schreiben. Swami starrte John an und sagte: „Welcher John? Seht, seid nicht so gebunden an ein Kind." Und unser Göttlicher *Sadguru* schritt weiter, nachdem Er uns den Gefallen getan und „Für John. Mit Liebe, Baba" geschrieben hatte.

Wogen von Gefühlen durchzogen uns. Wir analysierten uns kritisch und merkten, daß die Gefühle der Liebe und des Mitgefühls sich in solche des *Moha* verwandelt hatten. Wir hatten eine Besessenheit für John entwickelt, und Bhagawan wollte, daß wir sie ablegten. Still beteten wir zu Bhagawan, Er möge uns die Kraft verleihen, unsere Bindungen zu lösen.

Als wir am nächsten Tag Swami noch mehr Fotos zum Unterschreiben hinhielten, rief er aus: „Tägliche Hysterie! Hysterie! Ja, warum wollt ihr, daß Bhagawan täglich Sein Autogramm gibt? Ihr seid verrückt geworden." Ja, Swami. Wir sind verrückt nach Deinem Heiligen Namen, nach Deinen Heiligen *Darshans*, *Sparshans* und *Sambhashans*. Unsere Herzen schlagen nur für Dich.

Swami sandte eine Nachricht durch Herrn Kutumb Rao, daß John und seine Mutter nach Griechenland zurückkehren sollten. Wir brachten unsere demütigen Gebete Bhagawan dar, Er möge sich um den lieben John kümmern. Wir erhielten später einen Brief von ihm aus Griechenland, in dem er erwähnte: „Meine Ärzte sind verwirrt, denn meine Krankheit ist vollständig verschwunden." Das ist die Barmherzigkeit unseres Geliebten Herrn. Durch diese Erfahrung habe ich erkannt, daß Gebete Gott wirklich dazu bewegen können, Seine Gnade über allen auszugießen.

Kultiviere nicht zu viele Bindungen an Dinge der Welt, die an fleischliches Verlangen und sinnlichen Durst appellieren. Es kommt ein Augenblick, wo du mit leeren Händen scheiden mußt, alles zurücklassend, was du mühsam gesammelt hast und stolz dein eigen nanntest.

„Sathya Sai"

10. SAI MA

Bhagawan Sri Sathya Sai Baba ist alles für mich. Eine Seiner liebevollsten Formen ist jedoch die der MUTTER. Er liebt Seinen Devotee nicht nur wie eine physische Mutter, sondern auch als die Göttliche Mutter. Bei zahlreichen Gelegenheiten hat Swami mich auf diese Weise geliebt, und ich werde niemals imstande sein, die Freude und Entzückung angemessen auszudrücken, die mich jedesmal erfüllt. Ich kann nur versuchen, die Ereignisse und Einzelheiten meines Lebens zu notieren, damit die Menschen vielleicht einen flüchtigen Eindruck von der Würde und Herrlichkeit des Göttlichen gewinnen können.

Als wir am 21. September 1981 nach unserem ersten Göttlichen Interview auf die Veranda traten, sagte Swami zu Sham und mir, wir sollten warten, denn Er würde uns *Raksha* – oder Schutz – geben. Wir saßen und warteten. Die Morgen-Bhajans begannen und endeten ohne ein Zeichen von Bhagawan. Swami bat um Seinen Wagen, fuhr irgendwohin und winkte uns zum Abschied zu. Die freiwilligen *Seva Dals* baten uns mehrmals zu gehen. Wir bestanden darauf, daß Swami Selbst uns gesagt habe, wir sollten warten. Schließlich blieb uns nichts anderes übrig als zu gehen. Am Abend saß ich beim *Darshan*, als meine jüngere Tochter Rachita zu weinen anfing. Ich tat mein Bestes, um sie zu beruhigen, aber sie wollte nicht aufhören. Swami war bereits auf der Frauenseite. Da sie weiterhin weinte und die Devotees um mich herum störte, stand ich auf, um den Platz zu verlassen. Swami sah mich weggehen und rief mich. Ich kehrte um. Er fragte mich, warum das Kind weinte. Ich sagte, ich wisse es nicht. Er fuhr fort mich zu fragen: „Was hat Swami am Morgen gesagt? Swami sagte: ‚Warte. Swami wird dir *Raksha* geben‘, nicht wahr?" Und die Göttliche Hand wirbelte herum. Er brachte ein funkelndes, silbernes Medaillon hervor, mit Seinem Bild auf der einen Seite und Om auf der anderen. Swami reichte es mir und sagte: „Lege es um den Hals." Ich eilte benommen vom Platz. Swami ging weiter direkt zu Sham und sagte: „Als du das letzte Mal kamst, gab Swami dir ein Medaillon und sagte dir, du solltest zurückgehen. Dann sagte ich dir: ‚Ich werde dir eine Frau und einen Sohn geben, und wenn du sie hierher bringst, wird Swami dein Medaillon ändern‘, nicht wahr?" (Swami hatte all dies im Jahre 1978 zu Sham gesagt und erfüllte nun Sein Versprechen – drei Jahre später.) Und Swami materialisierte ein ähnliches silbernes Medaillon für Sham.

Nachher gab es große Verwirrung in bezug auf mein Medaillon. Die Leute sagten mir, daß Swami das Medaillon für meine weinende Tochter Rachita materialisiert habe. Und Swami sagte einfach: „Lege es um den Hals." Er gab nicht genau an, um wessen Hals ich es legen sollte. Ich sagte allen, daß, wenn Swami mir die Gelegenheit gewährte, ich es von Ihm und niemand anderem klären lassen würde.

Wir hatten nicht geplant, so lange in Prashanti Nilayam zu bleiben. Wir waren den ganzen Weg vom Punjab bis nach Südindien gekommen und hatten vor, noch einige andere Orte in der Gegend zu besuchen. Ich brachte es fertig, meine Frau davon zu überzeugen, daß ich meinen Geburtstag in Prashanti feiern wollte und wir anschließend die anderen Orte besuchen könnten. Shams Familie entschied sich daraufhin ebenfalls zu bleiben. Es war nur Swamis Gnade, die es uns erlaubte, in Prashanti zu bleiben. Unsere Unterbringung wurde für zwei Tage (einschließlich meines Geburtstages) verlängert, als Swami Selbst sagte, wir könnten noch ein bis zwei Tage bleiben.

Am Morgen des 26. September 1981 kam Swami zu mir in die *Darshan*-Reihe und fragte: „Morgen ist der Geburtstag?" Ich war äußerst überrascht, denn ich hatte Swami nie gesagt, daß mein Geburtstag nahte. Ich antwortete Ihm: „Ja, Swami." Dann sagte Er: „Ich werde dir *Namaskar* geben." Da es meine erste Reise nach Puttaparthi war, wußte ich nicht, auf was Er sich bezog. Ein Devotee erklärte mir, daß ich großes Glück hätte, da Swami mich persönlich rufen und mir erlauben werde, meinen Kopf auf Seine Lotusfüße zu legen. Dieses *Padnamaskar* habe einen großen spirituellen Wert, da es mit Swamis Zustimmung gewährt werde.

Während der morgendlichen Bhajans saß ich direkt hinter den Bhajansängern im *Mandir*. Von Seinem Stuhl aus sah mich Swami direkt an. So viel Liebe floß von Swami in mich hinein, daß die Schleusentore geöffnet waren und mir die Tränen in Strömen über das Gesicht liefen. In meinem Herzen rief ich Bhagawan an: „Morgen werde ich abreisen. Woher werde ich diese Liebe bekommen, die Liebe, die größer ist als die von Hunderten von Müttern zusammen? Meine Göttliche Mutter, ich kann diese Liebe, die Du auf mich regnen läßt, nicht mehr in mir halten." Um mich davor zu bewahren, laut zu weinen und die Bhajans zu stören, stopfte ich mir mein Taschentuch in den Mund und senkte meinen Kopf. Als Swami meine mißliche Lage sah, war Er barmherzig mit Seinem demütigen Devotee. Er beendete die Bhajans, ließ das *Aarti* vollziehen und verließ die Bhajanhalle. Jeder wunderte sich, warum Swami so unvermittelt verschwand, und ich fühlte mich sehr schlecht, da ich dies alles verursacht hatte.

An diesem Abend fragte mich Swami nochmals in der *Darshan*-Reihe: „Morgen ist der Geburtstag? Komm." Dann erhielt ich das größte Geburtstagsgeschenk: das Heilige *Padnamaskar*. Für viele Minuten wusch ich fortwährend Seine Füße mit meinen Tränen. Als ich aufstand, fragte Swami: „Du bist glücklich? Sehr glücklich. Zufrieden." Mir fehlten die Worte, um meiner Freude Ausdruck zu verleihen.

Am nächsten Morgen kam Swami direkt auf mich zu und fragte: „Heute ist der Geburtstag?" Ich sagte: „Ja, Swami." Er fragte nach: „Dein Geburtstag oder der Geburtstag deines Kindes?" (Rachita saß auf meinem Schoß.) Ich antwortete: „Mein Geburtstag." Er tadelte mich: „Was für ein Vater bist du? Es ist dein jährlicher Geburtstag und deines Kindes monatlicher Geburtstag." Er erinnerte mich daran, daß Rachita genau an diesem Tag sieben Monate alt war. Dann rief Er uns herein.

Beim Eintreten in den Interviewraum fragte Swami mich: „Doktor, an jenem Tag gab ich dir ein Medaillon. Trägst du es, oder trägt das Kind es?" Ich antwortete: „Swami, ich trage es." Er sagte: „Ja, es war für dich. Swami gibt dir noch eines für das Kind." Und mit einem majestätischen Schwung machte Er noch ein Medaillon für Rachita. Wiederum entstand Verwirrung in bezug auf dieses gleiche Medaillon. Mehrere Jahre später gab ich mein Medaillon aus bestimmten Gründen Shams Vater. Da er auch Shams Medaillon hatte, brachte er die beiden durcheinander und konnte nicht mehr unterscheiden, welches Medaillon wem gehörte. Als ich mir die beiden Medaillons anschaute, entdeckte ich einen winzigen Buchstaben ‚N' auf der Seite des einen. Da mein Vorname Naresh ist, nahm ich an, daß dies mein Medaillon sei. Auf die subtilste und diskreteste Art löst Swami alle Zweifel auf, die wir haben. Er kennt die Bedürfnisse eines jeden Menschen und wird sie genau zum richtigen Zeitpunkt befriedigen.

Im inneren Interviewraum bestätigte Swami: „Doktor, heute ist dein Geburtstag." Ich sagte: „Ja, Swami." Er sagte nochmals: „Heute ist dein Geburtstag." Ich antwortete: „Ja, Swami." Zum drittenmal wiederholte Er dieselben Worte, und ich antwortete dasselbe. Ich bekam langsam das Gefühl, daß etwas sehr Wichtiges stattfinden würde. *Was folgte, war etwas so Weltbewegendes, daß es mich dazu trieb, dieses Buch zu schreiben.* Swami sah mir tief in die Augen und rief mit Nachdruck aus: „DOKTOR, ES IST DEIN DREISSIGSTER GEBURTSTAG HEUTE, DEIN DREISSIGSTER GE-BURTSTAG HEUTE, DEIN DREISSIGSTER GEBURTS-TAG HEUTE." Plötzlich wurde ich um dreizehn Jahre in die Vergangenheit zurückversetzt, nach Kurukshetra, als der *Sadhu* mir die bedeutende Prophezeiung machte: „Gott hat bereits in Südindien Gestalt angenommen, und du wirst **IHM AN DEINEM DREISSIGSTEN GEBURTSTAG VON ANGESICHT ZU ANGESICHT GEGENÜBERSTE-HEN.**" Die Größe dieser Aussage ließ meinen Verstand taumeln. Ich konnte nicht gegen die Flut von Gefühlen an-kämpfen, die in mir aufkamen. Ich legte meinen Kopf auf die Göttlichen Lotusfüße und wusch sie wieder mit meinen Trä-nen. Wie die liebevollste Mutter tätschelte Swami mich. Ich betete zu Bhagawan, mich immer, immer, immer bei Seinen Lotusfüßen zu behalten.

Dann fragte Swami mich: „Was willst du? Du kannst um alles bitten. **Ich kann Himmel in Erde und Erde in Himmel verwandeln.**" Diese donnernde Erklärung hörte sich an, als wenn sie geradewegs aus dem Himmel käme. Ich antwortete: „Swami, nur *Bhakthi*." Swami erwiderte: „Ja, du hast *Bhakthi* in dir; *Bhakthi* ist kein Spielzeug, das Swami in einem Laden kaufen und dir geben kann. Es ist kein Geschenk, das ein Freund einem anderen geben kann. Du hast es in deinem Herzen; entwickle es weiter." Swami legte Seine Hand auf mein Herz und segnete mich. Mit einem Schwenken Seiner Hand brachte Er einen herrlichen goldenen Ring mit einem grünen Stein darin hervor. „Dies ist dein Geburtstagsge-schenk." Er bat um meine Hand, und ich hielt meine linke

Hand hin. „Nein", sagte Er, „die andere Hand." (Ich hatte immer den tiefen Wunsch gehabt, Swamis Medaillon und einen Ring mit Swamis Foto zu tragen. Deshalb hatte ich einen silbernen Ring für vierzig Rupien auf dem Markt außerhalb von Prashanti Nilayam gekauft und trug ihn am Ringfinger meiner rechten Hand. Er saß jedoch so eng, daß ich ihn nicht mehr abziehen konnte.)

Da nun Swami um meine rechte Hand bat, zog ich sie zögernd hervor. Als Er den Ring sah, sagte Er: „Warum trägst du einen künstlichen Ring – auf dem Markt gekauft für vierzig Rupien?" Durch die Göttliche Berührung glitt der Ring leicht von meinem Finger und wurde durch den goldenen ersetzt. Schnell zog ich meine Hand von Swami zurück, da der Ring heiß brannte. Ich war erstaunt, daß Swami ihn auch nur für eine Sekunde in Seiner Hand hatte halten können. Lächelnd sagte Er: „Ja, er ist heiß, denn er wurde gerade hergestellt. Das ist echt Swami. Swami wird dich vierundzwanzig Stunden am Tag von diesem Ring aus sehen, und du und Sham, ihr beide könnt Swami in diesem Ring sehen, wann immer ihr wollt. Niemand anderer kann mich sehen." In diesem Augenblick erinnerte ich mich, was Herr Paramanand Gokul sagte, als ich ihn um sein Medaillon bat – daß Swami mir noch viel mehr Dinge geben würde.

Als wir den Interviewraum verließen, zog mich Swami plötzlich an meinem Arm in den Raum zurück. Er hielt meinen Kopf an Seiner Brust, und ich hörte die melodischsten Töne aus Seinem Inneren kommen. Erst später erkannte ich, daß dies die Töne von Pranava und Krishnas Flöte waren. Baba sagte zu mir: „Sehr gutes Herz, sehr edle Seele, was willst du heute von Mir? Bitte." Ich war völlig angefüllt mit der LIEBE, die Er mir an diesem Tag geschenkt hatte. Es gab nichts mehr zu bitten. Nochmals sagte Er: „Ja. Bitte um irgend etwas, heute wird Swami es dir geben." Nicht ein einziger weltlicher oder materialistischer Wunsch kam mir in den Sinn. Mit gefalteten Händen betete ich: „Baba, bitte bleibe immer, immer, immer bei mir und segne mich für meinen Beruf." Swami legte Seine Hand auf meinen Kopf, segnete mich und sagte: „Ja, vierundzwanzig Stunden am Tag wird Swami bei dir sein, zu hundert Prozent wird Er bei dir sein. Und ich segne dich für deinen Beruf – jeder Patient, den du behandelst, wird Erleichterung verspüren. Geh. Die Menschen werden Swami durch dich sehen." Schließlich verließ ich Sai Mas Schoß, durchtränkt von Ihrer mütterlichen Liebe.

Am 31. Mai 1982 war ich nach Chandigarh gefahren, um meine Schwester an ihrem Hochzeitstag zu besuchen. Nachdem ich meine Schwägerin bei ihrem Onkel abgesetzt hatte, kam ich per Motorroller zurück. Als ich um eine Verkehrsinsel herumfuhr, sah ich einen Bus aus entgegengesetzter Richtung direkt auf mich zukommen. Er fuhr so schnell, daß ich keine Zeit hatte, auszuweichen. Instinktiv stieß ich „Sai Ram" aus und sprang nach links ab, da der Bus versuchen würde, rechts an mir vorbeizufahren. Meine rechte Hand war immer noch am Lenker des Rollers. Ich hörte einen lauten Knall, und das nächste, was ich mitbekam, war, daß ich zu Boden geworfen wurde. Erstaunlicherweise bekam ich nicht einmal einen Kratzer ab. Der Motorroller war ebenfalls vollkommen unbeschädigt. Völlig benommen fuhr ich zu meiner Schwester. Sie regte sich über mich auf, weil ich mich sehr verspätet hatte, und ich erzählte ihr nicht einmal von dem Unfall, da alles in Ordnung war. Ich ging mir die Hände waschen und bemerkte, daß der Stein aus dem Ring fehlte, den Swami mir geschenkt hatte. Zutiefst beunruhigt erzählte ich meiner Mutter die ganze Geschichte, und sie sagte, ich müsse eine schreckliche Sünde begangen haben, daß Swami den Stein weggenommen habe.

Fast einen Monat lang trug ich den Ring weiter ohne den Stein darin und bat Sham, ihn zu ersetzen, da er Juwelier war. Er sagte, daß der Ring von Swami materialisiert worden sei und wir Menschen nicht versuchen sollten, uns daran zu schaffen zu machen. Während unseres Interviews mit Swami am 8. Juli 1982 erklärte Er alles. Das erste, was Er sagte, war: „Im letzten Jahr kamst du. Ich gab deiner Tochter ein Medaillon, ein weiteres dir, und ich gab dir einen Ring. Der Stein dieses Ringes ist zu mir zurückgekehrt. Wie war der Unfall in Chandigarh? Hätte ich nicht eingegriffen, wärest du unter dem Bus zermalmt worden." Ich bat Swami: „Bitte gib mir den Stein zurück, Swami." Er antwortete: „Ich werde ihn dir geben. Ich werde ihn dir geben, bei dir zu Hause." Dann ging Er zu anderen Dingen über. So viele Male hat der Herr mich vor dem Tod gerettet. Ich werde Ihm ewig dankbar sein.

Die Monate vergingen, und ich trug den Ring immer noch ohne den Stein. Obwohl ich Sham wiederholt bat, den Stein zu ersetzen, lehnte er ab. Dann erschien mir eines Tages Swami in einem Traum und sagte mir, ich solle den Ring zu Sham bringen, damit er einen neuen Stein einpaßte. Da ich wußte, daß Sham mir wahrscheinlich nicht glauben würde, daß Swami mich in einem Traum so angewiesen hatte, erzählte ich es unserem *Samithi*-Vorsitzenden von Abohar, Choudhury P. S. Bhamboo. Choudhury Bhamboo sagte mir, daß Swami auch ihm einen Traum geschenkt habe, in dem Er ihm sagte, er solle mir mitteilen, daß ich den Ring zu Sham bringen solle. Zur weiteren Bestätigung sagte Swami dasselbe zu Sham selbst in einem Traum. Wir probierten viele Steine in dem Ring aus, aber keiner wollte passen. Schließlich versuchte Sham es mit einem dunkelgrünen Stein, und als wir beide „Sai Ram" sagten, paßte der Stein perfekt. Bei einer späteren Reise billigte Swami den Stein, segnete ihn und sagte mir, daß er in Ordnung sei. Seine Gnade fließt weiterhin aus diesem Ring.

Im August 1983 kam ich für den Bal-Vikas-Ausbildungskurs nach Prashanti Nilayam. Nach den Abschiedsfeierlichkeiten waren wir alle eingeladen, zum Mittagessen Swamis Gäste zu sein. Er überwachte persönlich alle Vorbereitungen und gesellte sich in der Kantine zu uns. Was für eine erstaunliche Szene – zu Mittag zu essen mit Gott Selbst. Mein Platz war zufällig direkt gegenüber von Swamis Tisch. Er beendete Seine Mahlzeit rasch und begann uns mit Seinen Studenten zu bedienen. Niemals habe ich ein so reichhaltiges Mahl gehabt und werde es wahrscheinlich auch nie wieder haben. Dessert auf Dessert wurde serviert, und ich konnte mich nicht entscheiden, was ich essen sollte und was nicht. Selbst die Götter können ein solches Festmahl noch nicht gesehen haben. Bhagawan kam zu mir und gab mir Süßigkeiten. Ich wurde so nervös, daß die Süßigkeit mir aus der Hand fiel. Die Tatsache, daß ich Essen hatte fallen lassen und Swami sicherlich böse mit mir sein würde, machte mich nur noch nervöser. Doch im Gegenteil: Swami bückte sich, hob die Süßigkeit auf, nahm sie beiseite und legte mir zwei weitere Stücke auf mein Tablett. Dann nahm Er ein drittes Stück und steckte es mir direkt in den Mund. Ich werde niemals den Tag vergessen, an dem mich die Göttlichen Hände von Annapurna Ma wie ein kleines Kind gefüttert haben.

Einmal verteilte Swami Pralinen an Seine Studenten. Es war nur noch eine Praline in Seiner Hand übrig, nachdem alle Studenten die Süßigkeiten erhalten hatten. Er ging hierhin und dorthin, als suchte Er eine Person, die geeignet war, Seine Gnade zu empfangen. Viele Minuten lang hoffte jedes Herz, der glückliche Empfänger zu sein. Swami allein weiß, wen Er segnen wird. Mit dem bezauberndsten Lächeln warf Er mir die Praline zu. Sie trug all Seine Liebe in konzentrierter Form in sich. Als ich sie in meiner Hand hielt, hatte ich das Gefühl, daß die Göttliche Mutter wußte, welches Ihrer Kinder zu diesem Zeitpunkt die meiste Liebe brauchte. Sie ist immer bereit zu geben, zu geben und nur zu geben.

118

In einem unserer letzten Interviews signierte Swami eine kleine Fotografie: „Für Naresh. Mit Liebe, Baba." Swami will, daß wir die subtile Bedeutung hinter all seinen Handlungen herausfinden. „Naresh" bedeutet „König". Er will, daß wir, Seine Kinder, gemäß den moralischen Standards leben, die Er gesetzt hat. Um meinem Namen gerecht zu werden, muß ich danach streben, rechtschaffen, gerecht und wohltätig zu sein – alles Eigenschaften, die ein guter König besitzt. Swami wies mich an, dieses Bild immer bei mir zu behalten.

Zum Heiligen Ugadi-Fest im April 1992 rief uns Swami nach Brindavan in Whitefield. Als Er zum Saal ging, um Seine Göttliche Rede zu halten, sagte Swami zu mir, ich solle Ihn begleiten. Jungen aus dem College sangen *vedische Mantren*, und Swami ging zwischen zwei Reihen, die sie gebildet hatten. Ich hatte das Glück, an Swamis linker Seite zu sein. Er erkundigte sich, wann ich ins Punjab abreisen würde, da wir Sommerferien hatten. Dann fragte Er, wie lange wir fort sein würden. Ich sagte Ihm, daß wir planten, für ungefähr zwanzig Tage im Punjab zu sein. Höchst liebevoll tadelte Er mich: „Komm bald zurück. Geh nicht für zwanzig Tage, geh nur für fünfzehn Tage." Also änderten wir unseren Plan dahingehend, nach fünfzehn Tagen Abwesenheit zum Heim unserer Mutter zurückzukehren. Neben dem Göttlichen zu gehen war eine einzigartige Erfahrung, die ich niemals vergessen werde. Swami sagt: „Geh nicht vor mir, denn es mag sein, daß ich dir nicht folge. Geh nicht hinter mir, denn es mag sein, daß ich dich nicht führe. Geh neben mir, und sei mein Freund."

Als ich kürzlich abends zwischen dem *Darshan* und den Bhajans auf dem Tempelplatz saß, kam Swami heraus und auf mich zu. Er tat so, als würde Er Sein Gleichgewicht verlieren, und ich erhob mich bis zu einer Stellung, in der ich auf einem Knie kniete. Swami fing sich, indem Er Seine Hand auf meine Schulter legte und mir mit Seinen Fingern einen ganz sanften

Schubs gab. Mir war, als wenn ich gleich an Seinen Bauch stoßen würde, so daß ich, als mein Gesicht Sein Gewand berührte, es küßte. Swami wandte sich zu meinem Neffen, der in der Nähe saß, und sagte: „Sieh, wie dein Mama (Bruder der Mutter) Mich liebt." Ich zitterte bei dem Gedanken, dem Göttlichen körperlich so nahe zu sein.

Bei einer Gelegenheit fragte ich Swami: „Baba, es gibt Tausende von Menschen, die wir die ganze Zeit über sehen, und nichts geschieht mit uns. Aber wenn wir Dich sehen, strömen so viele Emotionen aus unseren Herzen, daß wir zu weinen anfangen. Was ist der Grund dafür?" Swami antwortete: „Ihr seid alle meine Schatten, und ich bin die Inkarnation der Liebe. Wenn Negatives (ihr) in Kontakt mit Positivem (Mir) kommt, fließt sofort Strom. Licht kommt in der Form dessen, was ihr fühlt und offenbart (Tränen)." Möge diese Liebe immer zwischen uns und unserer Göttlichen Mutter fließen.

Sai Baba bedeutet „die Göttliche Mutter und der Göttliche Vater". Der Mutter-Aspekt davon ist **Siva-Shakthi,** *das gnadenvoll* **Thushti** *(Zufriedenheit), Freude, Weisheit, Mut, Selbstbeherrschung, Schönheit und Glanz gewährt und* **Pushti** *(Vortrefflichkeit) in Sprache, Gesundheit, Wohlstand, Kindern, Heim und Haus.*

„Sathya Sai"

11. DIE HÖCHSTE WAHRHEIT

Die höchste Wahrheit in bezug auf Swami ist, daß Er GOTT
ist. Es gibt keinen Weg daran vorbei. Diese Wahrheit kann nur
durch Erfahrung erkannt werden. Wenn man glaubt, daß ich
ein ehrlicher Mann bin, dann können alle Beweise, die in
diesem Buch aufgeführt sind, nur zu dieser einen Schlußfolge-
rung führen. Seit meiner Kindheit war ich nur an Krishna
gebunden, und es hat einige Zeit gedauert, bevor ich die
Tatsache akzeptieren konnte, daß mein Krishna in einer anderen Gestalt zur Erde zurückgekehrt war. Um diese Wahrheit in
mir zu bestärken, war Swami so gütig, mir Seine anderen
strahlenden Erscheinungsformen zu zeigen. Es gibt viele Formen, aber nur Einen Gott. Er erfüllt alle Namen und alle
Formen.

Beim Lesen der Heiligen *Gita* lernte ich viele Dinge. Wann
immer ich jedoch das elfte Kapitel erreichte, stiegen Zweifel
in mir auf. In diesem Kapitel zeigt Gott Krishna Arjuna Seine
Kosmische Gestalt. Während unseres Göttlichen Interviews
an meinem dreißigsten Geburtstag, dem 27. September 1981,
wendete Swami sich an mich und fragte: „Doktor, du hast die
Gita in all den letzten Jahren gelesen. Was ist die *Gita*?" Bei
dem Versuch, darauf zu antworten, versagte ich kläglich.
Swami fuhr fort: „ALS ICH KRISHNA WAR, war das erste
Wort, das Dhritrashtra zu Sanjay sprach, ,Dharma' ..." Vor
mir tauchte eine höchst unglaubliche Vision auf. Sie wird für
immer in mein Gedächtnis eingeprägt bleiben. Die Gestalt, die
vor mir stand, war nicht die unseres geliebten Swami, sondern
die von *Sakshat* Gott Krishna. Sein Gesicht war das des höchsten *Tapasvi*; Seine Augen waren so groß, daß ich kaum in sie

hineinsehen konnte. Sein Teint war so dunkel wie Regenwolken, aber er hatte ein ätherisches Glühen. Ein riesiger, weißer Bart und langes, weißes, lockiges Haar fielen herab. Der Anblick war so ungeheuerlich, daß ich ihn nicht sehr lange ertragen konnte. Dann verwandelte Er sich zurück in unseren Swami; dann wieder in Krishna und zurück in Swami. Er fuhr fort: „... das erste Wort der *Gita* ist ,Dharma'; das letzte Wort ist ,Mam'. Was ist also die *Gita*? ,Mam Dharma', meine Religion. Was ist deine Religion?" Ich antwortete: „Hindu." Er sagte: „Nein. Was ist deine Religion? Religion bedeutet Pflicht, und Pflicht ist Gott. Ich habe das ganze Universum erschaffen. Ich habe sogar jedem Staubkorn eine Pflicht übertragen. Wenn dieses Staubkorn seine Pflicht erfüllt, dann ist das für es die *Gita*." Was für eine herrliche Erklärung für die *Gita*! Obwohl ich so viele Kommentare zur *Gita* erworben und gelesen hatte, war das nichts im Vergleich hierzu. Nur die wahre Quelle der *Gita* konnte sie auf diese Weise erklären.

Swami fuhr fort: „Nun, sieh. Im elften Kapitel zeigte Krishna Arjuna Seine Kosmische Gestalt. Du denkst, warum konnte nur Arjuna sie sehen? Warum können andere sie nicht sehen? Ist es nicht so? Allein dadurch, daß du ,Essen, Essen, Essen' sagst, wird dein Hunger nicht gestillt. Du mußt das Essen mit deiner Hand hochheben, es in deinen Mund stecken, es kauen und es dann herunterschlucken. Nur dann wird der Hunger deines Magens gestillt. Nun, wenn du nur ,Krishna, Krishna, Krishna' sagst, kannst du Ihn nicht sehen. Du mußt Krishna als das Göttliche Prinzip sogar in einem Staubkorn sehen. Das ist die Kosmische Gestalt Krishnas, die jeder sehen kann, vorausgesetzt, er versucht beharrlich, das zu sehen." Wirklich, eine große Wahrheit. Wir alle werden Krishna nur dann sehen und fühlen, wenn wir diesen Drang, dieses Verlangen, diesen inneren Antrieb haben und wenn wir mit ernsthaftem *Bhakthi* und *Sadhana* mit völliger Hingabe an Krishna daran arbeiten. Man mag sich über die eben von mir beschriebene Gestalt Krishnas wundern, da sie nicht diejenige ist, die üblicherweise auf Fotografien und Gemälden dargestellt wird. Aber ich habe sie getreulich beschrieben – genauso, wie sie mir gezeigt wurde. Swami zeigte dieselbe Gestalt Dr. John Hislop, der seine Erfahrung mit mir teilte. Später erhielt ich Bestätigungen dieser Gestalt, von denen ich erzählen werde.

Am 8. Juli 1982 befragte ich Swami zu persönlichen Differenzen innerhalb der Sai Organisation. Unter solchen Mißverständnissen leidet oft die Arbeit. Swami sagte: „Doktor, Swami gab den Devotees neun Verhaltensregeln. Ich weiß, wie viele nicht einmal die erste Stufe befolgen, nämlich tägliche *Japa* und Meditation. Wenn eine Person nicht einmal die erste Stufe nimmt, wie kann sie das Ziel erreichen?" Diese Frage bewegte mich dazu, einen stillen Schwur zu leisten, daß ich niemals meine morgendliche Andacht mit Gebeten und Meditation versäumen werde, komme, was da wolle. Selbst wenn ich früh am Morgen im Zug oder im Bus unterwegs bin, setze ich mich nieder und bete.

Eines Tages wachte ich morgens um 2:10 Uhr auf und dachte, ich könne noch eine halbe Stunde schlafen, da ich gewöhnlich meine Gebete nach drei Uhr beginne. Als ich schlief, hatte ich einen ganz wundervollen Traum. Ich stand auf dem Fußweg, der vom Gopuram Tor zum Prashanti *Mandir* führt. Swami kam aus Seinem Zimmer zum *Darshan*. Er trug eine schöne Girlande, die bis zur Mitte Seiner Brust reichte. Er rief mich, und ich ging hin und verbeugte mich vor Seinen Lotusfüßen. Ich fragte: „Swami, was ist das für eine Girlande, und aus welchem Material ist sie gemacht?" Swami antwortete, daß Er es mir sagen werde.

Plötzlich nahm Er mich mit in die Luft, und wir fingen beide zu fliegen an. Wir kamen an vielen Ländern, riesigen Ozeanen und Bergketten vorbei, ohne anzuhalten. Schließlich verließen wir auch die Erde, flogen an Sternen und Galaxien vorüber. Wir landeten an einem Ort, der angenehm kühl war, und überall waren Quellen. Täler voller Blumen strömten einen exotischen Duft aus, durch den ich mich so leicht und frisch wie ein Tautropfen am Morgen fühlte. Mehrere hundert Göttliche Wesen kamen vorbei und verbeugten sich vor Swami. Er trug immer noch diese Girlande. Dann gingen wir beide in einen prachtvollen Palast, der an allen Seiten von vielen Göttlichen Wesen bewacht wurde. Das Innere des Palastes war ganz bezaubernd und versetzte mich in einen Zustand der Freude und Glückseligkeit.

Wir gingen weiter, bis wir einen riesigen, milchweißen Ozean erreichten, in dem eine vielköpfige Schlange schwamm. Auf dieser Schlange befand sich ein herrliches Liegesofa, auf das Swami sich setzte. Sobald Er sich niederließ, begannen Tausende von Musikinstrumenten zu spielen. Dann kam eine prachtvolle Göttliche Dame in einem roten *Sari* mit Goldstickereien, um Swami ihre Aufwartung zu machen. Sie trug viele goldene Schmuckstücke mit kostbaren Steinen darin. Ich verbeugte mich vor dieser Göttlichen Mutter, und sie hob ihre Hand zum Segen. Als sie lächelte, schienen Lichtstrahlen aus ihrem Körper heraus und verbreiteten Licht über die ganze Welt. Sie begann Swamis Füße zu drücken, und vor meinen Augen verwandelte Swami sich in ein außergewöhnlich strahlendes Göttliches Wesen, das einen dunklen, grünlich-blauen Stein um den Hals trug. Die Girlande war immer noch da. Ich fragte mich, was für eine besondere Girlande es sei, als alles aufhörte und es vollkommen still wurde. Ich fühlte mich ruhig und still und sehr leicht. Dies war das Gefühl höchster und äußerster Glückseligkeit. Ich verblieb für eine sehr lange Zeit in diesem Zustand. Dann kam Swami und brachte mich zur Erde zurück.

Ich wachte auf, und es war 5:25 Uhr am Morgen. Bei dem Gedanken, meine Morgengebete versäumt zu haben, geriet ich völlig aus der Fassung. Ich sprang aus dem Bett, nahm eilig ein Bad und setzte mich um 5:50 Uhr zum Gebet nieder. Ich konnte mich aber nicht einmal zum Beten zwingen, da ich meinen Schwur gebrochen hatte. Je länger ich Swamis Fotografie ansah, desto mehr weinte ich. Alles, woran ich denken konnte, war die ungeheure Sünde, die ich begangen hatte.

Dann hörte ich das Läuten von Glocken und sah Swami in Seiner physischen Gestalt vor mir stehen. Er trug dieselbe Girlande, die Er während meines Traumes getragen hatte. Er segnete mich und fragte, warum ich weinte. Ich sagte Ihm, der Grund sei, daß ich meinen Schwur gebrochen hätte. Dann sagte Er: „Erzähle mir, warum du diese Meditation und die Gebete morgens verrichtest." Ich sagte: „Swami, um Dich zu erreichen." Er fragte mich: „Was bekommst du von mir?" Ich sagte: „Bhagawan, *Ananda*, Seligkeit, Frieden, Freude und Zufriedenheit." Swami fragte weiter: „Hast du das heute nicht bekommen?" Ich sagte: „Swami, wie kann ich es bekommen haben, wenn ich weitergeschlafen habe?" Dann fragte Swami: „Zu der Zeit, zu der du normalerweise deine Morgengebete und *Sadhana* verrichtest, hast du geschlafen. Was geschah während deines Schlafes?" Erst dann erinnerte ich mich an meinen Traum. „Bhagawan, ich hatte Deinen Traum." Und Swami fragte: „Was sahst du in diesem Traum? Wohin brachte ich dich? Was zeigte ich dir? Alle Welten und Himmel, selbst Vishnu *Loka* mit Gott Vishnu auf dem *Seshanaag* sitzend mit Devi Lakshmi, Seiner Gemahlin. Du warst im *Vaikunta Dham*, hast die höchste Glückseligkeit genossen, die größte Freude, nach der sogar die Götter sich sehnen. Warum solltest du um diese Zeit weinen, die dir so viel *Ananda* schenkte? Du hast deinen Schwur nicht gebrochen. Es war mein Wunsch, dich mit dieser Erfahrung zu segnen. Darum sorge dich nicht. Ich weiß, daß du, wenn du deine Morgengebete sprichst, flüchtige Eindrücke von der Freude in tiefer Meditation erhältst. Diese Stufe liegt jenseits von allem. Dort ist nur Licht, Glückseligkeit und *Ananda*." Ich weinte hemmungslos und fiel Swami zu Füßen. „Bhagawan, bitte laß meinen Geist immer dieses *Ananda* fühlen – vierundzwanzig Stunden am Tag." Er erwiderte: „Das werde ich tun. Laß die Zeit kommen. Warte. Tue weiterhin deine Pflicht." Ich fragte Ihn: „Baba, was ist das für eine Girlande, die Du trägst? Ich habe noch nie etwas Ähnliches gesehen." Swami lächelte und sagte: „Warte, ich werde es dir sagen." Und Er verschwand und ließ mich mit einem Gefühl höchster Zufriedenheit zurück.

Später an diesem Tag reiste ich von Abohar nach Patiala, wo ich zu dieser Zeit lebte. Jemand gab mir ein Magazin namens *Kalyan*, herausgegeben von *Gita* Press in Gorakhapur. In dieser besonderen Ausgabe war eine Beschreibung abgedruckt, die Gott Krishna Udhava von Sich Selbst gab. Ich las das Magazin, während ich bei mir zu Hause im Wohnzimmer auf dem Sofa lag. Shweta war in die Schule gegangen und Poonam zur Arbeit. Rachita schlief in ihrer Wiege, und ich schaukelte sie, indem ich mit meiner großen Zehe am Wiegenband zog. Der Artikel nahm mich völlig gefangen. Krishna beschrieb jeden Teil Seines Körpers: von den Sohlen Seiner Füße bis zum Scheitel Seines Kopfes. Ich blickte für eine Sekunde auf, und da stand Gott Krishna vor mir. Und Er erschien in derselben Gestalt, die Swami mir am 27. September 1981 gezeigt hatte. Ich dachte, ich halluziniere. Schnell richtete ich mich auf dem Sofa auf, und Gott Krishna in Seiner strahlendsten Gestalt setzte sich neben mich zu meiner Rechten. Dann erschien Swami und setzte sich zu meiner Linken. Ich erinnere mich nicht mehr, wie lange ich in der Glückseligkeit übermenschlichen Bewußtseins verweilte.

Krishna und Swami trugen beide diesen grünlich-blauen Stein und diese Girlande. Ich fragte Swami: „Herr, Du hast mir diese beiden Schmuckstücke immer wieder gezeigt. Was sind sie?" Baba lächelte, berührte den Stein und sagte: „Kaustubhamani." Auf die Girlande weisend, sagte Er: „Vaijayainti mala." Diese beiden Schmuckstücke findet man immer an Gott Vishnu; sie sind Teile seines Gewandes. Bhagawan war wirklich so barmherzig, mir diese zwei herrlichen Dinge zu zeigen.

Zusätzlich zu Gott Krishnas *Darshan* hat Swami mich mit dem *Darshan* von Shiva gesegnet. An einem bestimmten Donnerstag hatte ich einen höchst sonderbaren Traum von Swami und erzählte niemandem davon, nicht einmal Sham. Einige Tage vergingen. Nach dem *Sankirtan* am Sonntag zog ich Sham beiseite und sagte ihm, daß ich ihm etwas enthüllen wolle. Er sagte mir das gleiche, und wir gingen zu mir nach Hause. Sham erzählte mir, daß er in dieser Nacht einen sehr seltsamen Traum von Swami gehabt hatte. Ich sagte ihm, daß ich am Donnerstag auch einen Traum von Swami hatte. Als wir begannen, uns unsere jeweiligen Träume zu erzählen, erkannten wir, daß wir beide an zwei verschiedenen Tagen genau denselben Traum von Swami gehabt hatten. In dem Traum standen wir auf dem Fußweg, der vom Gopuram Tor zum Prashanti *Mandir* führt. Swami erschien und verwandelte sich in die *Bhairav*-Gestalt von Gott Shiva. Es war eine höchst ungewöhnliche Vision von Shiva, in der Er vollkommen nackt und Sein Körper mit Asche eingerieben war. Sein *Jattas*, sein verfilztes Haar, war offen und fiel lose herab; Seine Augen waren brennend rot. Als Er uns ansah, erschraken unsere Frauen und schlossen ihre Augen, aber Sham und ich blieben ruhig, unsere Hände in Verehrung gefaltet. Unser Herr nahm dann noch einmal die Gestalt unseres geliebten Swami an und segnete uns. Selbst während ich dies schreibe, sträuben sich mir die Haare auf meinen Armen.

Meine Erfahrung mit Swami, als wir zu den verschiedenen *Lokas* reisten, war nicht die einzige Begebenheit, bei der meine Seele ihre physischen Begrenzungen verließ. Viele Male während meiner morgendlichen Meditation begannen Musikinstrumente zu spielen: Schellen, Glocken, Flöten. Meine Seele löste sich von meinem Körper und bewegte sich aufwärts. Ich durchstreifte den unermeßlichen Himmel und kam an vielen Orten vorbei. Manchmal jagten mich wilde Hunde, aber wie ein Ball hüpfte ich hoch in die Luft und sprang über viele Gebäude. Auf manchem Bauwerk landete ich, um dann wieder wie ein Vogel zu fliegen. Wenn ich in mein Zimmer zurückkehrte, wo mein Körper saß oder lag, trat ich unter heftigen Schmerzen wieder in ihn ein.

Ich begann einige vage Erinnerungen an frühere Leben zu bekommen. Langsam wurden die Erinnerungen deutlicher, und meine Leben während der Zeiten von Rama und Krishna erschienen deutlich vor mir. Während meines letzten Lebens war ich ein Heiliger und tat viel Buße, als ich wegen einiger Begierden, die ich nicht überwinden konnte, von spirituellen Höhen herabfiel. Meine Beziehungen zu verschiedenen Menschen in vergangenen Leben, einschließlich Sham und Sandeep, wurden bereits beschrieben. Ich fühlte, daß sich mein Herz in solchem Maße geweitet hatte, daß die ganze Menschheit darin Platz fand. Meine Arme waren so lang, daß ich die gesamte Schöpfung umarmen konnte. Das Selbst hatte sich ausgedehnt zu LIEBE.

Manchmal wurden meine Glieder kalt und starr. Bei mehreren Gelegenheiten erhob sich eine weiße Schlange und zielte auf meinen Kopf. Ich durchlitt Erfahrungen von qualvollen Schmerzen und dem nahen Tod. Jedoch war Swami mit Seiner Gnade als Anker immer gegenwärtig, um mich vor allem zu beschützen und mich durch alles hindurchzuführen.

Eine weitere außerkörperliche Erfahrung, die ich hatte, ereignete sich wiederum an meinem dreißigsten Geburtstag. Am Abend zuvor konnte ich nicht schlafen. Um Mitternacht des 27. September 1981 kam jemand in unser Zimmer. Ich stand auf, um nachzusehen, wer da war, und fand Swami an der Tür stehen. Er bat mich, Ihn zu begleiten. Ein wenig verwirrt über diese späte Stunde und Sein geheimnisvolles Erscheinen, folgte ich Ihm wie ein gehorsames Kind. Wir erreichten Prashanti *Mandir*. Swami nahm mich mit in den oberen Raum, in dem Er wohnt. Ich war überrascht über die Spärlichkeit Seiner Einrichtung. Es gab ein Liegesofa, einen Stuhl und ein paar andere Dinge. Der *Avatar* des Kali Yuga lebte wirklich sehr einfach. Bhagawan sagte zu mir: „Heute ist dein Geburtstag. Was möchtest du?" Ich fiel zu Seinen Füßen nieder und sagte: „Baba, nur Deine Liebe und Deinen Segen." Swami überkreuzte Seine Füße und klopfte dreimal auf den Boden. Der ganze Prashanti *Mandir* wurde um etwa einen Meter in die Höhe gehoben. Er schwebte, und darunter war ein blendender Glanz von Millionen von Juwelen: kostbare Steine, Edelsteine, Diamanten, Silber und Gold. Die Schätze des Universums befinden sich unter Swamis Füßen. Der Anblick blendete mich nur. Der Herr voller Gnade sagte mir, ich solle eine beliebige Menge dieses Schatzes mit mir nehmen. Ich lehnte entschieden ab und sagte: „Baba, ich habe das Begehren nach diesen materiellen Dingen hinter mir gelassen. Ich will Dich und nur Dich." Er forderte mich wiederholt auf, etwas zu nehmen. Ich lehnte weiterhin ab. Dann umarmte Swami mich, und ich fühlte mich wie das verlorene Kind, das seine Mutter gefunden hat. Ein Gefühl von vollkommener Glückseligkeit, Frieden und Freude überkam mich. Alles war ruhig und heiter. Das dauerte etwa eine halbe Stunde lang an. Swami schickte mich in mein Zimmer zurück; es war 4:45 Uhr. Swami hat mir so viele Erlebnisse mit Sich geschenkt, daß ich Ihm niemals genug für all Seine Gnade und Seine Segnungen danken kann.

Swami ist die Lebenskraft des Universums. Ohne Seinen Willen kann sich nichts bewegen. Einmal, als ich mit dem Bus von Patiala nach Abohar reiste, erstand ich ein Buch mit dem Titel *Das Geheimnis Jesu* von Janet Bock. Darin beschreibt sie einige sehr interessante Ereignisse aus den dreizehn Jahren, die Jesus in Indien verbrachte und die in der Bibel nicht erwähnt werden. Ich stieß auf einige Fotos von Swamis Materialisierungen. Swami gab Janet Bock ein Medaillon, in dessen Vorderseite Sein Gesicht geprägt war. Es war sehr schön, und ich starrte es mehrere Minuten lang an, ohne zu blinzeln. Eine einzigartige Visualisierung fand statt. Das ovale Medaillon wurde zum gesamten Kosmos, und in seiner Mitte sah ich einen sehr scharf umrissenen, schwarzen Punkt. Er wurde allmählich deutlicher, und Swamis entzückendes Gesicht mit Seiner Krone aus Haar kristallisierte sich heraus. Das Universum kreiste um Ihn. Swami lächelte bezaubernd und sagte: „Sieh, ich bin das Zentrum der gesamten Schöpfung, und alles bewegt sich um mich herum." Ich vergaß alles angesichts Seiner Herrlichkeit, und als ich schließlich aufblickte, hatte der Bus bereits mehr als hundertfünfzig Kilometer zurückgelegt. Swami zeigte mir, daß Er der wahre Kern des Universums ist.

Die edlen Seelen, die Götter und Göttinnen, die auf Erden und in den Himmeln leben, beten alle unseren Herrn an. Ein höchst erleuchteter Mann, ein *Sanyasi*, der in Prashanti Nilayam lebt, verriet mir einst viele Dinge. Dieser *Sanyasi*, der anonym bleiben möchte, erfuhr von Swami durch einen anderen *Yogi* namens Devaria Baba. Er erzählte diesem *Sanyasi*, daß Swami der *Poorna Avatar* ist, Gott Shiva und Shakthi, die auf die Erde gekommen sind.

Der *Sanyasi* bekam einst ein Geschwür an seiner Harnröhre. Viele Ärzte versuchten ihn zu behandeln, aber er erfuhr keine

Linderung. Er begann zu befürchten, daß es eine Art Krebs sein könnte, und so gab er sich Baba hin und warf sich Ihm zu Füßen, den er als seine Mutter betrachtet. Swami antwortet in der Form, in der der Devotee Ihn ruft. Eines Nachts, als der *Sanyasi* schlief, kam Swami in sein Zimmer und fing an, ihn zu massieren. Als Er die Harnröhre erreichte, drückte Swami fest auf das Geschwür. Der *Sanyasi* fühlte sich äußerst sonderbar, doch dann merkte er, daß es seine eigene Mutter war, die ihn pflegte. Als er am nächsten Morgen aufwachte, war sein Problem verschwunden.

Einmal, als der *Sanyasi* in der *Darshan*-Reihe saß, erzählte ihm ein Devotee aus Kerala, der neben ihm Platz genommen hatte, eine sehr ungewöhnliche Geschichte. Dieser Devotee hatte am Ufer des Flusses Chitravathi gesessen und das Buch *Autobiographie eines Yogi* von Swami Yogananda Parmahamsa gelesen. Der Devotee aus Kerala sann über *Maha Yogi* nach, wie es in diesem Buch beschrieben ist. Plötzlich bemerkte er, daß ein junger Mann ihm auf den Rücken tippte. Der Fremde fragte den Devotee, ob er über *Maha Yogi* nachdächte. Der Devotee bejahte. Dann fragte der Fremde, ob er *Maha Yogi* sehen wolle. Als er ein Ja hörte, sagte er, daß er selbst *Maha Yogi* sei. Dann begaben sie sich beide nach Prashanti Nilayam, um Swamis *Darshan* zu erhalten. Der Fremde (*Maha Yogi*) stand in der Nähe des Ganesha Tempels außerhalb des inneren Tempelbereichs. Der Devotee setzte sich in die Reihen. Als Swami herauskam, ging Er zügig in Richtung des Fremden und blickte ihn eine Zeitlang fortwährend an. Nach dem *Darshan* kam der Devotee aus Kerala zu dem Fremden gelaufen und fragte ihn, was Swami ihm mitgeteilt habe. Der *Maha Yogi* sagte, daß er einige spirituelle Probleme gehabt habe und daß Swami sie gelöst habe. Es gibt keine Notwendigkeit für so erhabene Menschen, tatsächlich mit Swami zu sprechen. Jegliche Kommunikation ist geistig.

Der *Maha Yogi* sagte dem Devotee, daß Swami das wahre Göttliche Prinzip ist, von dem die gesamte Schöpfung abhängt. Er unterrichtete den Devotee davon, daß viele Götter und Göttinnen kommen, um Swami, dem Gott der Götter, ihren Respekt zu erweisen.

Eines Tages betete der *Sanyasi* zu Bhagawan, ihn immer in der Gesellschaft hochstehender Seelen sein zu lassen. Er reiste nach Hardwar und blieb dort in einem Ashram. Er teilte sich sein Zimmer mit einer anderen Person, die einige ungewöhnliche Angewohnheiten hatte. Die andere Person schlief niemals, sondern blieb die ganze Nacht über wach – jede Nacht. Der andere bat den *Sanyasi* zu schlafen, da er seinen Schlaf noch nicht besiegt habe. Sie blieben sieben Tage lang zusammen. Der *Sanyasi* hielt die spirituelle Ausstrahlung des anderen nicht aus und bat ihn, ihm seine Identität zu offenbaren. Sein Gefährte sagte dem *Sanyasi*, daß Er niemand anderer sei als Gott Ganesha. Der *Sanyasi* warf sich Ganesha sofort zu Füßen. Ganesha teilte dem *Sanyasi* mit, daß er großes Glück habe, in Prashanti Nilayam zu wohnen, der wahren Wohnstätte von Gott Shiva und Shakthi. Dieser *Sanyasi* hat mit vielen anderen Göttern und Göttinnen, die zur Zeit auf Erden leben, Zeit verbracht, und alle verehrten Swami.

Ich fragte den *Sanyasi*, warum es so viel *Adharma* in der Welt gebe, in der so viele edle Seelen leben. Und wenn alle Heiligen und Weisen wußten, daß Swami Gott ist, warum hatten sie dann ihren jeweiligen Devotees nicht von Swami erzählt? Dieser *Sanyasi* erklärte mir, daß die Zeit für eine solche Enthüllung noch nicht reif sei. Alle Heiligen wären von Swami angewiesen worden, nicht zu enthüllen, daß Er der *Avatar* unseres Zeitalters ist. Aber bald wird es jeder wissen, und die Führer der Welt werden nach Puttaparthi strömen, um Swamis Anleitung sogar in Staatsangelegenheiten zu suchen.

Swami hat die Macht, alles in der Schöpfung zu beherrschen. Er ist Herr über die Natur. Das erste Wunder, dessen Zeuge ich in Prashanti Nilayam wurde, war ein solches Naturphänomen. Wir kamen in Puttaparthi am 12. September 1981 an. Am nächsten Tag um etwa 21:15 Uhr abends trat ich aus meinem Zimmer, nur um ein höchst spektakuläres Schauspiel zu sehen. Alles war dunkel, und es waren keine Wolken am Himmel. Hinter den Hügeln, die den Ashram umgeben, sah ich einen riesigen senkrechten Regenbogen. Rasch rief ich meine Familie und diejenigen, die in den angrenzenden Räumen wohnten, herbei. Wir alle erfreuten uns an dem schönen Regenbogen, den Swami für uns erschaffen hatte.

Im Jahre 1982 feierten wir Guru Purnima in Prashanti Nilayam. Früh am Morgen erwachte ich zu einer höchst majestätischen Szene. Der Mond war voll, und ein großer Hof umgab ihn. Ich sah Swamis geliebtes Gesicht, das auf uns herablächelte. Da ich eben erst aus dem Schlaf erwacht war, glaubte ich, ich würde träumen. Also ging ich ins Badezimmer, wusch mein Gesicht, nahm ein Bad und kam zurück. Aber die Vision dauerte an. Ich wurde so gefesselt von diesem strahlenden Mond, daß ich an diesem Morgen nicht einmal am *Omkar* oder am *Suprabhatam* teilnahm; von drei bis fünf Uhr morgens war mein starrer Blick vollkommen auf den Mond fixiert. Als meine Familienmitglieder aufwachten, beschrieb ich den wunderschönen *Darshan*, den Swami für uns vom Mond aus gegeben hatte, doch sie lachten mich nur aus. Sie sagten, daß ich immer in Gedanken an Swami versunken sei und halluziniert haben müsse. Statt mit ihnen zu streiten, blieb ich lieber still. Als wir das Gopuram Tor erreichten, traf ich Herrn V. K. Kapoor, unseren damaligen Staatspräsidenten, der interessante Neuigkeiten erzählte. Er sagte, daß viele Devotees am frühen Morgen Swamis *Darshan* erhalten hatten. Ich fragte ihn, wie das möglich gewesen sei. Er sagte, daß sie Swami im

Mond gesehen hätten. Ich erzählte ihm, daß auch ich zu den Glücklichen gehörte, die als erstes am Morgen dieses Heiligen Guru Purnima Tages unseren *Sadguru* gesehen hatten. Vor vielen Jahren hatte Swami gesagt, daß die Menschenmengen so groß werden würden, daß Er quer über den Himmel werde laufen müssen, um *Darshan* zu geben. Vielleicht ist dies eine der raffinierten Weisen, auf die Er uns segnen wird.

Der Schauplatz verlagert sich nach Patiala. Am 20. Februar 1982 saß ich mit meinen Kollegen in unserer Abteilung und trank Tee. Das Thema Swami tauchte wieder einmal auf. Einer meiner Kollegen sagte mir, daß wir, Swamis Devotees, behaupteten, daß Swami alles tun und überall erscheinen könne. Wenn dem so sei, solle sich Swami direkt hier und jetzt offenbaren. Ich sagte ihm, daß die intensiven Gebete eines *Bhaktha* Swami zu jeder Zeit überallhin rufen könnten. Aber wenn Swami käme, würden sie Ihn dann als Gott annehmen, fragte ich. Sie schimpften mit mir und sagten, zuerst solle Swami Seine Gegenwart unter Beweis stellen und dann würden sie weitersehen. Ich rief Bhagawan an, Er möge die Herzen dieser Atheisten verwandeln, und aus den Tiefen meines Herzens kam dieser Satz, den ich sprach: „Er kommt wie Donner, Er fällt wie Regen, Er ist niemand anderer als Sri Sathya Sai!" Als ich meinen Satz beendet hatte, war das Krachen von Donner zu hören und das Aufleuchten von Blitzen zu sehen. Riesige Regenwolken über dem Medical College brachen zu einem Unwetter aus. Der Platzregen dauerte ungefähr zwanzig Minuten, aber es regnete nirgendwo sonst in Patiala. Wir waren alle erstaunt, Zeugen dieses Schauspiels von Sai zu sein.

An Swamis fünfundsechzigstem Geburtstag war der Präsident von Indien, Herr R. Venkatraman, als wichtigster Gast geladen. Am Abend saßen wir alle im Hill View Stadion, um ein Kulturprogramm zu sehen. Plötzlich wurde der Himmel sehr dunkel, und man sah Sturmwolken, so weit das Auge reichte. Das Gewitter begann mit Blitz und Donner, gefolgt von heftigen Regenschauern. Die Würdenträger wurden schleunigst auf die Bühne des Shanti Vedika gebracht, damit sie nicht naß wurden. Aber die Tausenden von Devotees wurden bis auf die Knochen durchnäßt, und wir waren davon überzeugt, daß das Stadion bald überflutet sein würde. Swami ging an den Rand der Bühne, betrachtete den Himmel, und indem Er Seine rechte Hand erhob, sagte Er dem Regen, er solle aufhören. Innerhalb von Sekunden teilten sich die Wolken, und der Himmel klarte vollständig auf. Selbst der Regengott muß sich dem Allmächtigen beugen.

Swami hat nicht nur die Macht über die großartigen Kräfte der Natur, sondern Er beherrscht auch alle Formen des Lebens, erschafft und zerstört Dinge nach Seinem Willen. Als ich in der Krankenstation in dem Dorf Dharangwala arbeitete, durchquerte ich immer das Gebiet einer Militärstation. Dort lebte ein alter Freund der Familie namens Colonel J. S. Sawhney. Ich schaute oft bei ihm zu Hause herein und redete mit ihm über Baba und Seine *Leelas*. Eines Tages, als wir uns unterhielten, sagte Frau Sawhney: „Nein, es scheint nicht so zu sein, daß Sai Baba sogar Gold aus dem Nichts erzeugen kann." Ich erwiderte: „*Bhabi*, nicht nur Gold, sondern Er kann alles, was Er möchte, im Bruchteil einer Sekunde hervorbringen." Sie blieb skeptisch. Plötzlich schaltete sich ihr Offiziersbursche Manayavar ein, der ebenfalls dabeisaß. Er sagte: „Nein, gnädige Frau. Der Doktor spricht die Wahrheit. Ich komme aus einem Dorf in der Nähe von Tirupati Balaji. Wir glauben nicht an Sathya Sai Baba, aber in unserem Dorf gibt es einen sehr armen Brahmanen, der ein glühender Devotee von Sai Baba ist. Die Hochzeit seiner Tochter stand bevor, und zweihundertfünfzig Gramm Gold hatte er als ihre Mitgift versprochen. Als der Hochzeitstermin näher rückte, wurde der

Mann besorgt, da er das Gold nicht beschaffen konnte. Er wollte nicht, daß die Heirat abgesagt wurde, weil der Bräutigam ein sehr guter Junge war. Der Druck von seiten der Familie des Jungen wuchs dermaßen an, daß die Angehörigen sagten, sie würden die Verlobung lösen, wenn das Gold nicht bis zu einem bestimmten Datum übergeben werde. Der Vater des Mädchen konnte sich nirgendwohin wenden, außer an Gott. Er ging nach Puttaparthi, und Swami rief ihn zu einem Interview. Drinnen sagte ihm Swami, er solle sich nicht sorgen. Alles werde glattgehen in Hinsicht auf die Hochzeit seiner Tochter. Aber es waren nur noch zwei Tage, und der Mann hatte immer noch nicht das Gold in Händen. Er warf sich zu Bhagawans Füßen nieder und bat ernsthaft um Barmherzigkeit. Swami rupfte einfach ein Haar von Seinem Kopf und warf es auf den Boden. Das Haar verwandelte sich in eine schwarze Kobra, und Swami bat den Mann, die Kobra in seiner Hand zu halten. Der Mann zitterte vor Angst bei dem bloßen Gedanken, im selben Raum mit einem so tödlichen Reptil zu sein, ganz zu schweigen davon, die Kobra in die Hand zu nehmen. Swami befahl ihm, es zu tun. Ganz vorsichtig faßte er den Körper der Kobra, und der Teil des Körpers, der sich in seiner Hand befand, verwandelte sich augenblicklich in Gold; der Rest des Tieres verschwand. Swami segnete ihn und sagte, er könne nun mit der Hochzeit seiner Tochter fortfahren." Wir waren alle erstaunt, als wir diese Geschichte hörten – daß Swami sogar Lebewesen nach Seinem Willen erschaffen konnte. Als wir diese winzigen Würmer in dem Gelbwurzpulver in Sandeeps Zimmer fanden, wunderten wir uns über Swamis Fähigkeit, lebende Kreaturen zu erschaffen. Er Selbst hat unsere Zweifel geklärt, indem Er sagte: „Was kann von Swami nicht erschaffen werden? Nur leblose Objekte? Nein! Er kann alles hervorbringen. Das Leben steht unter Seiner Herrschaft."

,WOLLEN' ist überflüssig für mich, denn meine Gnade ist immer verfügbar für die Devotees, die beständige Liebe und Glauben haben. Da ich mich sprechend und singend zwischen ihnen bewege, sind sogar die Intellektuellen unfähig, Meine Wahrheit, Meine Macht, Meine Herrlichkeit oder Meine wahre Aufgabe als AVATAR zu begreifen. Ich kann jedes Problem lösen, wie kompliziert es auch sein mag. Ich befinde mich jenseits der Reichweite der genauesten Untersuchung und der präzisesten Messung. Nur diejenigen, die Meine Liebe erkannt und diese Liebe erfahren haben, können behaupten, daß sie einen flüchtigen Eindruck Meiner Realität erhalten haben, denn der Pfad der Liebe ist der Königsweg, der die Menschheit zu Mir führt.

Ich bin alle Formen, die dem Allmächtigen zugeschrieben werden: Ich bin die Verkörperung des vollkommenen Friedens. Ich bin bekannt unter all den Namen, mit denen der Allmächtige vom Menschen angesprochen und angebetet wird. Ich bin die Verkörperung des Guten; Ich bin Sein-Bewußtsein, Glückseligkeit, Atma, der Eine ohne ein Zweites, Wahrheit, Gutes, Schönheit.

„Sathya Sai"

12. FREIER WILLE

Swami herrscht über das gesamte Universum; und doch hat Er dem Menschen die Fähigkeit gegeben, zu unterscheiden und dementsprechend zu handeln. Wer also ist der Macher, Gott oder der Mensch? Dieser Punkt ist immer wieder erörtert worden, oftmals ohne eine definitive Klärung. Ich hatte das Glück, diese Frage nicht nur mit meinen Mitmenschen zu diskutieren, sondern tatsächlich zu einem endgültigen Ergebnis zu kommen.

Auf der zehnten gesamtindischen Konferenz, die vom 19. bis zum 21. November 1982 abgehalten wurde, hatte ich die Ehre, vor den Teilnehmern als Delegierter des Punjab eine Ansprache zu halten. Zuerst betete ich in der Tiefe meines Herzens zu Baba, daß, was immer Er wolle, von meiner Zunge gesprochen werden solle.

„Ein kleiner Kieselstein aus dem Punjab in der Galaxie dieser kostbaren Edelsteine, Rubine, Diamanten, Perlen und Saphire steht vor euch, meine lieben Brüder und Schwestern, um euch seine millionenfachen Grüße zu Füßen zu legen." Dann warf ich einige Fragen vor den versammelten Devotees auf. Mein Hauptanliegen war die Umsetzung der neun Punkte des Verhaltenskodex, den Swami für uns aufgestellt hat. Ich bat auch die Amtsinhaber um Vorschläge zur Verbesserung der allgemeinen Funktionsweise der *Samithi* auf lokaler Ebene.

„Ich richte mich an meine Brüder und Schwestern, die Delegierten dieser Konferenz, mit dem Wort WATCH (achten auf

– Anm. d. Übers.), das Baba uns gegeben hat, um uns daran zu erinnern, immer auf unsere Worte (words), Taten (actions), Gedanken (thoughts), unseren Charakter (character) und unser Herz (heart) zu achten. Ich bitte euch alle, mit mir zusammen diese zuerst in uns selbst zu prüfen und zu verbessern, bevor wir versuchen, andere zu verbessern. Und wie viele von uns befolgen wirklich das, was Swami uns als Übung gegeben hat? Die neun Schritte des Navidha Bhakthi, die Shabri von Gott Rama erklärt wurden, werden uns nun von Sai Rama als die neun Punkte des Verhaltenskodex gegeben. Unglücklicherweise befolgen wir Swamis Lehren nur dem Buchstaben nach und nicht im Geiste. Wir nennen uns Swamis Devotees (hingebungsvolle Verehrer – Anm. d. Übers.), aber wir geben uns nicht hin."

„Ich möchte außerdem vorschlagen, daß von unserer Seite aus eine äußerste Anstrengung unternommen wird, unsere *Matru Shakthi* zu erhalten, die Kraft, Macht und Energie der Mutter. Ich kann vertrauensvoll sagen, daß, wenn Sitas und Draupadis mit uns leben, es keinen Mangel an Ramas und Arjunas oder Luvs, Kushas und Abhimanyus geben wird. In bezug auf die Beschränkung unserer Wünsche achten wir sehr auf die Eindämmung unserer physischen Bedürfnisse und Begierden. Aber wie steht es mit dem Verschwenden von Gottes kostbarstem Geschenk an uns – Zeit? Wieviel Zeit vergeuden wir mit nutzlosem Geschwätz und unnötigen Dingen?"

„In vollkommener Ergebung an die Göttlichen Lotusfüße und mit äußerster Demut und Hingabe möchte ich eine Bitte an Baba Selbst richten. Ihr mögt es einen kleinen Ratschlag eines *Bhaktha* an Seinen Herrn nennen. Baba, bitte nimm den freien Willen zurück, den Du den menschlichen Wesen gegeben hast. Er ist es, der das siebzehnte *Kala* im Menschen erschafft – das EGO selbst. Jai Sai Ram. Danke."

Als ich zu meinem Sitzplatz zurückkehrte, wurde ich von Prof. N. Kasturi umarmt, der sagte: „Sehr gut. Der letzte Teil, sehr gut." Viele Leute stimmten mit dem überein, was ich gesagt hatte; andere taten es nicht. Ich wußte nicht, wie ich weitermachen sollte. Nachdem ich lange in mich gegangen war, hörte ich die Stimme meines Gewissens, die für mich immer Bhagawan ist, und sie sprach zu mir: „Warum freier Wille? Es gibt überhaupt keinen Willen, weder frei noch abhängig. Alles ist Mein Wille."

Der 22. November 1982 war ein äußerst prächtiger Tag. Wir hatten das große Glück, Zeugen der ersten Einweihung des Sri Sathya Sai Instituts für Höheres Lernen zu sein. An diesem Tag wurde das neu erbaute Verwaltungsgebäude eingeweiht. Als Swami sich der Veranstaltung in Seinem prächtigen Wagen näherte, wurde ich an die Majestät früherer *Avatare* erinnert. So muß es gewesen sein, als Rama und Krishna auf den Straßen von Ayodhya und Dwaraka reisten. Der Eröffnungszug am Abend war einfach großartig. Swami trat ein, natürlich in makelloses Weiß gekleidet. Unser *Sadguru* setzte sich dafür ein, die Menschheit durch ihre lebenswichtige Kraft aufzurichten – die Erziehung.

Der lange erwartete Tag, der Geburtstag Unseres Geliebten Herrn, der 23. November, dämmerte. Die *Jhoola*-Feier an diesem Abend wurde von einem gewaltigen und noch nie dagewesenen Ansturm eingeleitet. Das Poornachandra Auditorium war bis zum letzten Platz besetzt. Wir schafften es, einen kleinen Platz am Fuße der Bühne zu finden. Der Herr voller Gnade kam herein und ging an uns vorbei. Er forderte mich auf, *Padnamaskar* zu machen, doch ich lehnte ab. Ich fuhr fort, zu Bhagawan zu beten, mir zuerst meine Frage bezüglich des freien Willens zu beantworten. Swami tätschelte mir liebevoll den Rücken und sagte die folgenden Worte, die ewig in meinen Ohren widerhallen werden: **„*Bangaru*,** **nichts ist freier Wille, alles ist Mein Wille."** Ich fiel Ihm zu Füßen und wusch sie mit den Tränen der Freude und der Reue. Sie gaben mir Trost, Mut und Kraft, um weiterzumachen.

Später, bei der Navarati-Ansprache im Oktober 1992 (bei der ich anwesend war), erwähnte Swami nochmals, daß es so etwas wie freien Willen nicht gibt. Sogar nach so vielen Jahren bestätigte Er, was ich in der Tiefe meines Herzens glaubte.

Er ist der **Suthradhari,** *derjenige, der die Fäden hält, die die Puppen bewegen und sie ihre Rollen spielen lassen; aber Er setzt sich Selbst zwischen die Zuschauer und gibt vor, nichts von der Handlung, der Geschichte oder der Besetzung zu wissen. Die Charaktere können nicht einen Millimeter von Seinen Anweisungen abweichen; Sein Wille lenkt und bestimmt jede einzelne Bewegung und Geste.*

„Sathya Sai"

13. GNADE

Swami sagt uns oft, daß wir nicht das von Ihm erbitten, was zu geben Er gekommen ist. Anstatt Seine Lehren anzuhören und zu versuchen, sie in unserem Leben umzusetzen, bitten wir um unbedeutende, weltliche Dinge. In aller Aufrichtigkeit habe ich Swami immer nur um Seine Gnade, Seinen Segen und Seine Liebe gebeten. Selbst bei der einzigen bedeutenden finanziellen Unternehmung meines Lebens, dem Bau unseres Hauses, bat ich Bhagawan nur um Seinen Segen. Da die Fertigstellung des Bungalows nur durch Seine Gnade verwirklicht wurde, wurde das Haus entsprechend „GNADE" genannt.

Im Jahre 1986 fragte mich ein Freund, ob ich daran interessiert wäre, ein Stück Land zu kaufen. Nach anfänglichem Zögern willigte ich ein. Das Problem war, das nötige Geld für die Eintragung aufzutreiben. Als der Fälligkeitstermin näher rückte und der volle Betrag noch nicht zusammen war, begann ich mich zu sorgen, daß ich sogar die Anzahlung an die betreffende Gesellschaft verlieren würde. Unser Bankguthaben konnte den Betrag nicht decken, und so mußte ich einige uns Wohlgesonnene um Hilfe bitten. Unterstützung strömte uns von allen Seiten zu, und so konnten wir uns ein Grundstück auf unseren Namen sichern. Die Entscheidung, uns ein eigenes Haus zu bauen, wurde gefällt, und so beantragte ich ein Darlehen bei der Life Insurance Corporation of India. Unser Antrag war der erste dieser Art aus Abohar, und wir mußten sehr hart arbeiten, um die verschiedenen Papiere und Genehmigungen von den entsprechenden Instanzen zu erhalten. Zu guter Letzt war der ganze Papierkram dank Swamis Gnade erledigt.

Am 14. April 1988 baten wir den lieben Sham, den ersten Grundstein für unser Haus zu legen. Ich tat Vibhuti in das Baumaterial, und die Arbeit begann. Ich benötigte dringend Geld, und Gott war überaus freundlich zu mir. Hilfe kam von mehreren Seiten. Ich konnte nicht glauben, daß so viele Freunde und Bekannte sich aus freien Stücken anboten, uns zu helfen.

Eines Tages mußte ich dringend einige Stahlträger für das Haus besorgen, aber ich hatte kein Geld mehr. Herr Dharam Pal, mein Maurer, schickte mir eine Nachricht, die besagte, daß wir einen hohen Verlust erleiden könnten, wenn die Stahlträger nicht sofort zur Verfügung gestellt würden. Ich brach in meinem Büro fast zusammen, da derjenige, von dem wir immer Material gekauft hatten, sich weigerte, uns Kredit zu gewähren, bevor seine offenen Rechnungen in Höhe von ein paar hundert Rupien beglichen wären. Weiterhin dürfte die nächste Zahlung nur in bar erfolgen. Dieser Mann schickte tatsächlich einen Boten in mein Büro im Krankenhaus, um das Geld zu kassieren. Ich betete in meinem Herzen, daß mein Gott zu meiner Rettung kommen möge. Plötzlich kam ein Angestellter des Krankenhauses in mein Büro, legte mir ein Bündel Banknoten auf den Tisch und sagte mir, daß es vom dienstältesten Militärarzt (S.M.O. – Senior Medical Officer) für mich geschickt worden sei. Als ich nachfragte, zu welchem Zweck das Geld gesandt worden sei, antwortete der Angestellte, daß er es nicht wisse. Er hatte vom S.M.O. einen unterschriebenen Blankoscheck mit der Anweisung erhalten, zur Bank zu gehen und alles Geld vom Konto abzuheben – bis auf hundert Rupien, den notwendigen Mindestbetrag zum Erhalt des Kontos. Ich eilte zu ihm nach Hause und war überrascht, als ein großes Foto von Swami mich an der Tür begrüßte. Er erzählte mir, daß Swami gekommen sei und ihn gebeten habe, mir sofort Geld zu leihen. Mein S.M.O. gehorchte der Anweisung ohne Zögern. Wie von Sinnen eilte ich in mein Büro zurück und übergab das Geld dem Boten des Ladeninhabers. Ich war überglücklich, als ich erfuhr, daß das Geld, das man mir gegeben hatte, genau ausreichte, um den derzeitigen Bedarf abzudecken. Still dankte ich meinem Herrn für Seinen augenblicklichen Strom der Gnade.

Innerhalb von sechs Monaten war der Bau unseres wunderschönen Bungalows vollendet. Wir waren erfüllt mit Dankbarkeit gegenüber Bhagawan, daß Er uns erlaubt hatte, unseren Traum zu verwirklichen. Jeder, der dieses großartige Haus sah, war voller Freude. Wir zogen am 23. November 1988 ein. Während der Bauarbeiten hatte der Zimmermann bei zwei unterschiedlichen Gelegenheiten Visionen von Swami. Mein Maurer sah Swami ebenfalls; er sagte, daß er immer das Gefühl gehabt hätte, eine äußere Kraft wirke durch ihn, damit er die Arbeit in so kurzer Zeit vollenden könne.

Bei meinem Besuch in Puttaparthi im November 1990 nahm ich Fotos von unserem Haus „Gnade" mit, damit Swami sie segne. Beim *Darshan* kam Swami zu mir, legte Seine Göttliche Hand auf die Fotos und sagte: „Ja, ich gebe meinen Segen; ja, ich gebe meinen Segen; ja, ich gebe meinen Segen." Meine Freude kannte keine Grenzen, da es der Herr Selbst war, der den Bau unseres Hauses vorangetrieben, es entworfen und gestaltet hatte. Wir hatten es uns nie träumen lassen, daß wir unseren eigenen Bungalow besitzen könnten, und dann noch einen so großartigen. Ich betete zu Bhagawan, daß alles Ihm allein gehöre und wir nur die Verwalter seien.

Am letzten Tag dieser Reise nach Prashanti gab mir ein Student eine Fotografie von Swami, wie Er mir *Padnamaskar* gewährt. Swami nahm dieses Foto und schrieb „Mit Liebe, Baba" auf die Vorder- und die Rückseite. Er sagte: „Ich segne dich von allen Seiten." Wie gesegnet ich mich fühlte. Dann fragte mich Swami, was ich mit diesem Foto machen würde, und ich sagte Ihm, ich würde es einrahmen lassen. Er antwortete: „Rahme Swami in deinem Herzen ein." Ich sagte zu Ihm: „Swami, Du lebst schon in meinem Herzen. Niemand anderer kann da hinein." Ich bot Ihm auch die Fotos von „Gnade" dar, und Er hielt sie in Seinen Händen. Während Er sie anblickte, sagte Er: „Dies ist mein Mini-Prashanti." Die Fotografie, die in dem Andachtsraum unseres Hauses aufgenommen wurde, zeigt nur auf Swamis Bildern Licht in Form eines Blitzes. Als ich Swami darüber befragte, antwortete Er: „Dies ist Meine Licht- oder Strahlende Gestalt." Wie glücklich ich mich an diesem Tage fühlte – daß ich die **Höchste Gestalt Swamis** gesehen und erfahren hatte.

14. Shirdi Sai und Prema Sai

In dem relativ kurzen Zeitraum, in dem ich mit der körperlichen Gestalt von Bhagawan Sri Sathya Sai Baba in Kontakt bin, war Er so freundlich, mich sowohl mit Seiner früheren als auch Seiner zukünftigen Inkarnation bekanntzumachen. Eines Tages im November 1981, als ich die Gehälter an die Mitarbeiter meiner Krankenstation in Dharangwala austeilte, hörte ich draußen jemanden um zwei Rupien bitten. Nachdem ich fertig war, ging ich hinaus, um den warmen Sonnenschein zu genießen. Als ich mich setzte, kam ein älterer *Sadhu* in roter Kleidung auf mich zu und bat mich um zwei Rupien. Ich griff in meine Tasche und zog zwei Ein-Rupie-Münzen für ihn heraus. Er segnete mich und sagte: „Bleibe immer glücklich. Wann immer du dich an mich erinnerst, werde ich kommen. Rufe mich beim Namen, und ich werde vor dir erscheinen." Er ging fort, und ich war in Gedanken an meinen Herrn versunken. Ich wollte die Identität des *Sadhu* herausfinden und rief meinen Gehilfen, Sham Lal, damit er ihn finden und zurückbringen solle. Sham Lal hatte in der Nähe gesessen und sagte, er habe in den letzten Minuten niemanden gesehen. Ich beschrieb den *Sadhu* und erzählte Sham Lal, daß ich ihm zwei Münzen gegeben hatte. Sham Lal weigerte sich jedoch, mir zu glauben; er sagte: „Sir, Sie müssen durcheinander sein. Niemand war hier." Vielleicht hatte ich wegen der Hitze der Sonne halluziniert.

An diesem Nachmittag gingen Sham Lal und ich zum Haus von S. Dharam Singh, wo ich gewöhnlich zu Mittag aß. Er erzählte mir von einem sonderbaren Vorfall. Um etwa zehn

Uhr vormittags klopfte ein *Sadhu* in roter Kleidung an seine Tür und bat um Essen. Die Frau von Herrn Dharam Singh bat den *Sadhu* zu warten, da sie gerade das Mittagessen vorbereitete. Er antwortete, daß er auch Reste des vorherigen Abendessens nehmen könne: *Roti*, Zwiebeln und Chili wären genug für ihn. Frau Singh suchte, fand zwei übriggebliebene *Rotis* und gab sie ihm zusammen mit eingelegten Zwiebeln, Chili und braunem Palmzucker. Der *Sadhu* aß mit Genuß, segnete das Paar und sprach: „Bleibt immer glücklich. In Zukunft, wenn ihr mich ruft, werde ich kommen." Als sie ihn nach seinem Namen fragten, antwortete er: „Paramanand aus *Vaikunta Dham*." Er segnete sie noch einmal und ging fort. Einige Minuten später schickte Herr Dharam Singh sein Kind dem *Sadhu* nach, um ihn zurückzurufen, aber der *Sadhu* war nirgendwo zu finden. Tatsächlich hatte niemand im Dorf an diesem ganzen Tag einen *Sadhu* gesehen. Der Teller, von dem er gegessen hatte, stand noch ungespült da. Nachdem ich ihnen von meinem Erlebnis mit demselben *Sadhu* an diesem Morgen erzählt hatte, fanden wir alle, daß es ein sehr ungewöhnlicher Zufall sei.

Ich dachte weiterhin über den Vorfall nach und ließ ihn mir durch den Kopf gehen. Als ich nach Hause zurückkehrte und meiner Frau davon erzählte, war auch sie überrascht von der Unheimlichkeit all dieser Ereignisse. Abends im Bett hatte ich noch immer die Szenen des Tages vor Augen. Ich warf einen zufälligen Blick auf das Bild von Shirdi Baba, das an der Wand unseres Schlafzimmers hängt. Er trug ein rotes Gewand, und Seine rechte Hand war zum Segen erhoben. Das Licht, das aus Seiner Hand strahlte, strömte in mich ein. Plötzlich wurde mir alles klar. Bestürzt setzte ich mich auf und fing hemmungslos zu weinen an. Es war Swami, der in der Gestalt von Shirdi Baba gekommen war, um uns zu segnen. Und Er hatte zwei Münzen und Essen von uns glücklichen Seelen angenommen.

Mehrere Jahre später, als ich in der E.S.I. Krankenstation in Abohar arbeitete, ereignete sich ein ähnlicher Vorfall. Jeden Morgen, bevor die tägliche Arbeit begann, setzte ich mich mit meinen Mitarbeitern für etwa eine halbe Stunde zusammen, um Problemfälle zu diskutieren und zu beratschlagen. An einem bestimmten Morgen kam ein junger *Sadhu* zu unserem Treffen und bat mich um etwas Geld, da er nach Haridwar unterwegs sei und dort die Kühe füttern wolle. Ich griff in meine Tasche, und zwei Ein-Rupie-Münzen gerieten mir in die Finger. Trotz des Protestes meiner Kollegen gab ich dem *Sadhu* die Münzen. Meine Einstellung war folgende: Wenn er die Wahrheit sprach, mochte Gott ihn segnen, falls nicht, würde er die Früchte seiner eigenen Lüge ernten. Der *Sadhu* war so glücklich, daß er mich bat, ihm meine Hand zu geben. Er legte die beiden Münzen in meine Handfläche und schloß meine Hand zu einer Faust. Dann sagte er mir, ich solle aufstehen und meine Hand öffnen. Siehe da, die beiden Münzen hatten sich in einen einzigen Zwei-Rupien-Schein verwandelt. Einige Leute waren erstaunt, doch die meisten blieben skeptisch. Dann bat er mich, meine Hände in Form eines Gefäßes aneinanderzulegen. Er hob etwas Sand vom Boden auf und streute ihn in meine Hände. Als er meine Hände berührte, verwandelte sich der Sand in Weizenkörner. In meinem Herzen betete ich inbrünstig zu Bhagawan und wiederholte ununterbrochen Seinen Namen. Der *Sadhu* segnete mich und sagte, ich würde niemals in meinem Leben den Mangel an Geld (*Dhan*) oder Essen (*Anna*) spüren. Dann sagte er, er wäre so glücklich über meine Hingabe, und bat mich, ihm mehr Geld zu geben. Ich zog meine Brieftasche heraus, die 3.400 Rupien enthielt (mein ganzes Gehalt), und gab sie ihm. Meine Mitarbeiter gerieten in Panik, da sie dachten, der *Sadhu* hätte mich hypnotisiert, damit ich ihm all mein Geld gebe. Er nahm meine Geldbörse und ging.

Alle begannen, mich wegen meiner Dummheit zu tadeln. Ich bewahrte die Ruhe und sagte, daß, wenn mein hart verdientes Gehalt wirklich mir gehörte, es zurückkommen werde; wenn es das nicht täte, wäre es überhaupt nie meines gewesen. Innerlich betete ich zu Swami, Er möge mir die Kraft geben, dies alles durchzustehen. Kaum hatte ich meine Gebete beendet, als der *Sadhu* zurückkam und mir den vollen Geldbetrag zurückgab. Er sagte, er habe nur meine Hingabe und Loyalität getestet.

Bevor er ging, sagte er, er wolle mir noch eine weitere Sache zeigen. Er führte sein Handgelenk zum Mund und biß ein etwa zehn mal zehn Zentimeter großes Stück Fleisch heraus, was eine starke Blutung verursachte. Dann bat er mich um meinen rechten Daumen, um hineinzubeißen. Ich übergab mich Swamis Lotusfüßen und reichte ihm meine rechte Hand. Als er seinen Mund über meinem Daumen schloß, konnte ich die Wärme seines Atems auf meiner Haut spüren. Ich glaubte wirklich, daß er meinen Daumen abbeißen und mich so zu einem dauerhaften Invaliden machen würde. Einer meiner Kollegen sprang auf, um meine Hand wegzureißen, aber bevor er mich erreichte, hatte der *Sadhu* seine Zähne in meinen Daumen gegraben. Ich fühlte mich, als flösse Strom von einer Million Volt in meinen Körper und als würde ich mit einer Art übernatürlicher Energie aufgeladen. Alle beobachteten uns ängstlich. Die ganze Zeit über betete ich ununterbrochen zu Swami: „Mein Geliebter Herr, ich glaube nur an Deine Lotusfüße. Dieser *Sadhu* mag ein Weiser von höchstem Range sein, aber laß meinen Glauben und meine Hingabe an Dich unberührt bleiben." Mein Daumen war in seinem Mund völlig taub geworden, und ich begann mir meine Notlage vorzustellen. Was würden die anderen von mir denken? Was würde aus meiner Familie werden? Der *Sadhu* öffnete seinen Mund, und zur Überraschung aller, einschließlich meiner selbst, war mein

Daumen völlig unversehrt und hatte sogar ein leuchtendes Glühen. Ich fühlte mich, als wäre mir von dem *Sadhu* tonnenweise spirituelle Energie eingeflößt worden. Als ob das noch nicht genug gewesen wäre, legte er mir dann seine rechte Hand auf die Stirn und sagte: „Mein Sohn, ich bin überaus erfreut über deine Hingabe, und von heute an öffne ich dein drittes Auge." Ein sonderbares Licht drang in diesen Bereich zwischen meinen Augenbrauen. Ich dankte Swami weiterhin dafür, daß Er mich vor jeglichen üblen Absichten des Heiligen beschützt hatte.

Als er von seinem Stuhl aufstand, überschüttete mich der *Sadhu* mit vielen Segensworten. Er bat mich wieder, meine Hände aneinanderzulegen. Er hob etwas Sand vom Boden auf und streute ihn in meine Hände. Diesmal verwandelte sich der Sand in meinen Händen in einen Ein-Rupie-Schein und einen Zehn-Rupien-Schein. Der *Sadhu* sagte mir, ich solle diese elf Rupien immer bei mir tragen. Er gab mir die beiden Münzen zurück, die ich ihm zu Beginn der Episode gegeben hatte. Ich bat ihn, diese Münzen zu behalten, und er sagte, sie würden ihn immer an meine Hingabe und Liebe erinnern. Er verschwand genauso geheimnisvoll, wie er gekommen war. Wir waren alle perplex über das, was sich ereignet hatte.

Immer noch benommen, ging ich an diesem Nachmittag nach Hause und zeigte meiner Frau die Geldscheine, nachdem ich ihr erzählt hatte, was geschehen war. Auch sie war erstaunt. Nach dem Mittagessen, als ich mich zu einem Nickerchen hinlegte, ruhten meine Augen auf Shirdi Babas Foto. Ich schrie laut auf und erzählte meiner Frau, daß der *Sadhu*, der mich an diesem Morgen besucht hatte, niemand anderer als Shirdi Sai war. Ich hatte Ihn zu dem Zeitpunkt einfach nicht erkannt. Der Herr Selbst war so lange Zeit bei mir, und ich hatte nicht einmal Seine Füße berührt. Ich bat Bhagawan um

Vergebung für meine Unwissenheit und betete zu Ihm, Er möge mich immer wieder auf solche Weise besuchen.

Im Jahre 1981 hatte ich einen faszinierenden Traum. Ich folgte Swami einen Weg entlang und dann durch viele Felder. In der Nähe war eine Eisenbahnstrecke. Wir erreichten ein Dorf, und Er führte mich in eines der Häuser. Es gab dort zwei Zimmer; in einem verehrten der Ehemann, die Ehefrau und der Sohn das Shiva *Lingam* und beteten zu Swami. Das andere Zimmer war möbliert, aber es waren keine Menschen darin. Swami erzählte mir, daß dies das Haus und das Zimmer seien, in dem Prema Sai geboren werde. Der Name des Dorfes war Gunapalli im Bezirk Mandya im Staate Karnataka. Swami nahm die Gestalt von Prema Sai an und segnete mich. Swami sagte zu mir, daß ich der erste Mensch auf Erden sei, dem die Gestalt und das zukünftige Heim von Prema Sai gezeigt werde.

Die Vision war so lebhaft, daß ich viel später, als ich in Patiala war, diese Gestalt von Prema Sai auf Papier zeichnete. Sein Gesicht besaß die Unschuld eines Kindes, und Sein Haar war lang und hing lose herab, wie das von Christus. Später, als ich Dr. John Hislop traf und die Erscheinung von Krishna, die Swami mir am 27. September 1981 gezeigt hatte, mit ihm verglich, erwähnte ich auch diesen Traum. Swami hatte ihm einen Ring gegeben, in den sich Prema Sais Gesicht langsam eingravierte. Das Bild stimmte vollkommen mit der Skizze überein, die ich aufgrund meines Traumes gemacht hatte. Viele Jahre später stieß ich in einem Buch auf ein Foto von Prema Sai, das wiederum mit meinem Traum übereinstimmte. Wie gesegnet ist dieses Kind der Göttlichen Mutter!

15. DIE MISSION VON SATHYA SAI

Die größte Periode des spirituellen Erwachens und der Erleuchtung fand in der Zeit statt, in der ich in Patiala lebte. Swami kam oft zu mir und hielt mir Vorträge über eine breite Vielfalt von Themen. Ich machte mir immer Notizen auf irgendeinem Stück Papier, das zufällig herumlag, und ich habe diese Aufzeichnungen hier unter dem Titel Swamis Mission zusammengestellt. Swami hat alles, was in diesem Kapitel steht, gesagt; ich habe alles nach besten Kräften aufgezeichnet.

Alle Religionen sind im Grunde gleich, sie predigen und lehren dieselben Grundsätze: *Sathya, Dharma, Shanti, Prema* und *Ahimsa*. Wir Menschen sind es, die Wände der Eifersucht und des Hasses zwischen uns erschaffen haben. Die Mauern des Neides und die Zäune der Gier, die wir errichtet haben, sperren unseren Intellekt ein und setzen den Idealen der Liebe und des selbstlosen Dienens Grenzen. Wir haben die Gedanken der Güte, der Freundlichkeit, der Hilfsbereitschaft, des Gehorsams, der Sittlichkeit und der Brüderlichkeit in Ketten gelegt. Wir haben Glauben und Religion zum Gespött gemacht. Unsere Nachkommen haben wir mit Disziplinlosigkeit und Gefühllosigkeit genährt. Wir haben den hellen und prächtigen Weg der Frömmigkeit und Selbsterkenntnis verlassen und bewegen uns auf dem dunklen Weg der Unwissenheit. Da wir eine Welt der Unordnung, Zwietracht, Krankheit und Unruhe erschaffen haben, ziehen wir Vergnügen aus Objekten der Sinne statt aus der Verfolgung spiritueller Ziele. Unser Geist ist an die Materie gebunden statt an den Meister.

Und wie ist der Zustand unserer Mutter Erde? Die Atmosphäre erstickt, sie wird gewürgt von den Teufeln der Begierde. Und doch geben wir Gott die Schuld an all unserem Elend. Die Liebe Gottes akzeptiert sogar diese undankbare Tat Seiner Kinder mit stiller Ergebenheit und Gelassenheit. Diese Liebe in ihrer reinsten und erhabensten Form kann niemals von Haß verhüllt werden.

Der innerste Kern eines jeden menschlichen Wesens hat dieselbe Grundstruktur der Göttlichkeit. Wenn wir auch nur ein einziges Mal dorthin gelangen können, werden wir einen unergründlichen, grenzenlosen Ozean finden, übersprudelnd vom Schatz des *Ananda*, der Glückseligkeit des Göttlichen Bewußtseins. Swami ist nur zu diesem Zweck gekommen: uns zu erwecken, uns zu führen, zu uns zu stehen und uns zu beraten, uns zu befreien und uns bis zu der Stufe zu führen, auf der wir die materialistische und profane Welt beiseite lassen und in die innere Welt der Selbsterkenntnis eintauchen können.

Unsere Gesellschaft rühmt sich der wundervollen technologischen Fortschritte in der Wissenschaft. Was ist Wissenschaft? Sie ist „die Gesamtsumme allen Wissens, wenn es systematisch klassifiziert, genau geordnet und richtig angewandt wird". Die Gesamtsumme allen Wissens kann nur dem allwissenden Gott bekannt sein. Wir menschlichen Wesen kennen kaum einen begrenzten Bruchteil des gesamten Wissens, und doch prahlen wir mit der ungeheuren Größe unseres Wissens.

Es gibt zwei Arten von Wissenschaft: spirituelle Wissenschaft und materialistische Wissenschaft. Das Ziel der spirituellen Wissenschaft ist es, das innerste Wissen des *Atma* aufzudekken. Sie befaßt sich mit den letzten und subtilsten Dingen. Sie basiert auf der Selbstanalyse und Selbsterfahrung und beinhaltet Selbstbeherrschung. Dieser Prozeß erfordert das Lösen von

Bindungen. Er setzt keine teuren Ausrüstungen und Laboratorien voraus. Er erzielt die wahrhaftigsten Ergebnisse, und die gezogenen Schlüsse unterliegen keinem Wandel. Die Resultate sind Frieden des Geistes, Beherrschung des Selbst und vollständige Zufriedenheit.

Die materialistische Wissenschaft auf der anderen Seite ist etwas völlig anderes. Ihr Ziel ist es, das Wissen über die Natur oder *Maya* aufzudecken. Sie beschäftigt sich mit dem Begrenzten oder dem Endlichen und dem Groben. Sie basiert auf Laborwissen, Daten und Befunden, alles fremde Objekte. Der Prozeß erfordert eher Bindung als Loslösung. Er bedingt umfangreiche Versuchsanordnungen über einen langen Zeitraum hinweg. Die Ergebnisse ermöglichen nur kleine Einblicke in die absolute Wahrheit, und sie ändern sich ständig. Die Resultate sind vergängliche, physische Freuden und Bequemlichkeiten, Beherrschung der Materie und teilweise Zufriedenheit.

Swami materialisierte an meinem dreißigsten Geburtstag einen schönen Ring für mich. Anfangs schaute ich häufig in den Ring, um Swami zu sehen. Manchmal erschien Er gelb, weiß oder sogar orangefarben in dem Ring. Die Bedeutung hinter diesen verschiedenen Farben blieb mir ein Rätsel. Jedenfalls kam ich allmählich zu der Erkenntnis, daß ich nicht ständig die physische Gegenwart Swamis suchen mußte, und ich hörte auf, den Ring anzusehen, es sei denn, ich suchte in einem dringenden Notfall Bhagawans Segen. Aber ich rätselte oft über die Bedeutung der verschiedenen Farbtöne, in denen Swami mir erschien, und über den wunderschönen Grünton des Steines in dem Ring. Ein weiteres seltsames Phänomen in bezug auf Farben ist, daß ich häufig, wenn ich meditiere oder auch nur die Augen schließe, zwei blaue Lichter sehe, die mich anstrahlen. Sie erscheinen in fünfeckiger Form und strömen direkt in meine Augen und meine Stirn.

Am 3. Februar 1982 wurde dieses Geheimnis um die Farben gelöst. Zu dieser Zeit lebte ich in Patiala, und an jenem Abend regnete es draußen. Versunken in Swamis Liebe, sah ich Ihn zu mir kommen, und Er erklärte mir die Bedeutung der folgenden Farben. *Himmelblau* bedeutet Spiritualität, wenn die Gnade Swamis geschenkt wird. *Rosa* ist die Farbe, die die Göttlichkeit erhöht. *Grün* bezeichnet himmlische Glückseligkeit. *Gelb* ist die Farbe der einzigartigen Erleuchtung des Intellekts. *Orange* ist die Farbe der Entsagung, und *Weiß* ist die Farbe, die höchsten Frieden und Stille bedeutet. Dann fragte ich Swami, warum mir all diese Farben vorgeführt würden, und Er verschwand einfach, nachdem Er mich gesegnet hatte.

Nun möchte ich einige von Swamis Antworten auf meine Fragen in bezug auf Spiritualität und den Zustand der Welt schildern. Einmal, als ich in der vollständigen Stille meines Zimmers saß, hatte ich das Gefühl, als hätten mich alle auf der ganzen Welt allein gelassen. Ich sehnte mich nur nach Swamis Liebe. Er erschien vor mir, und ich fragte Ihn: „Baba, wenn ein *Sadhaka* sich so abseits und allein fühlt, daß er zu denken beginnt, alle, einschließlich seiner Frau und Kinder, hätten ihn verlassen, was sollte er tun?" Swami lächelte und sagte: „In dem Stadium, wenn alle dich verlassen haben, ist Swami immer noch bei dir. Er wird Seinen *Bhaktha* niemals verlassen, denn Er ist Apadbaandhwa – der Freund, der dich nicht einmal in den dunkelsten Stunden verläßt. Wenn eine solche Situation kommt, ,*Ekla Chalo Re*', geh allein weiter, und die Welt wird dir folgen."

In einem unserer Interviews fragte ich Swami: „Baba, sage mir eines. Du bist in so vielen vergangenen Yugas auf diese Erde gekommen als Gott Rama, Krishna, Buddha, Jesus ... Du hast den Menschen immer gelehrt, Gott in sich selbst zu suchen.

Darf ich fragen, wonach Du in dieser Welt suchst?" Swami wurde sehr ernst und sagte: „Ich suche nach einem wahren *Bhaktha*, aber ich finde nicht einmal einen einzigen, dem ich die Zügel des Universums übergeben kann, damit ich ruhen kann." Plötzlich sagte ich: „Bhagawan, Du sagst uns allen, wir sollen SAI in jedem um uns herum sehen. Siehst Du nicht Dein eigenes Selbst in uns? Du wirst sehen, daß wir alle Du sind, Swami." Swami sah mich stirnrunzelnd an und gab mir dann in einer höchst liebevollen Art Seinen Segen. Als ich den Raum verließ, zitterte ich. Wie konnte ich es wagen, dem Herrn der Herren zu sagen, was Er tun soll? Aber wie eine liebende Mutter lächelte Swami nur über meine Unschuld.

Eines Nachmittags erschien Swami in meinem Zimmer, und ich fragte ihn: „Swami, was ist die Wurzel von all dem Chaos und den Problemen in der heutigen Welt?" Er antwortete: „Was wir denken, das sagen wir nicht, was wir sagen, das tun wir nicht, was wir tun, das meinen wir nicht, was wir wirklich meinen, darüber denken wir überhaupt nicht erst nach. Was ist die Welt? Sie wird *Samsara* genannt, das bedeutet Kommen und Gehen. Sie ist das Spiegelbild unseres eigenen Selbst. Wenn Chaos in deinem eigenen Selbst herrscht, wie kannst du außen Ruhe finden? Andernfalls ist außen alles in vollendeter Harmonie. Die Sonne, der Mond, der Wind, alles folgt den Naturgesetzen. Nur die Menschen brechen die Gesetze der Natur und leiden. Die Unzufriedenheit und Disharmonie des eigenen Selbst werden nach außen projiziert als Chaos. Bring dein eigenes Selbst in Ordnung, und du wirst außen alles in Ordnung finden."

„Ein weiterer Faktor ist die Gier. Es gibt auf Mutter Erde zuviel für die Bedürfnisse aller, aber zuwenig für die Gier auch nur eines Menschen. Es gibt zwei Arten von Menschen auf der Welt: diejenigen, die ‚haben', und diejenigen, die ‚nichts haben'. Wenn die, die ‚haben', etwas mit denen, die ‚nichts haben', teilen können, wird diese Welt so schön werden. Nicht wahr?" Ich antwortete: „Ja, Bhagawan." Ich dachte über diesen Punkt weiterhin nach. Wenn die Reichen und Wohlhabenden einen Teil ihres Reichtums teilen könnten, um die Grundbedürfnisse von so vielen zu befriedigen, dann würde die Welt ein glücklicherer Ort zum Leben werden.

Bei einer anderen Gelegenheit wurde ich von Swami zu einem Interview gerufen. Der Generalinspektor (I.G.) der Polizei war ein Mitglied der Gruppe drinnen. Er fragte: „Swami, da Du Gott bist, warum löschst Du nicht das *Karma* eines jeden auf einen Schlag aus?" Swami sah ihn an und sagte: „Du bist der Generalinspektor der Polizei. Angenommen, du fährst in deinem Dienstwagen, und plötzlich siehst du an einer Kreuzung eine rote Ampel. Was würdest du tun?" Der Mann antwortete: „Swami, ich würde den Wagen anhalten." Swami fragte nach: „Warum? Warum solltest du den Wagen anhalten? Du bist verantwortlich für den Verkehr. Du kannst ohne Zögern weiterfahren, ohne dich darum zu kümmern, was geschieht." Der I.G. antwortete: „Aber Swami, es ist unser Gesetz, und wenn ich es breche, könnte ich in einen Unfall verwickelt werden, der zu allem möglichen führen könnte." Der Herr sagte ihm: „Ja, Sir. *Karma* ist auch das Gesetz, das von Gott erschaffen wurde, und wenn ich mein eigenes Gesetz breche, wird es Chaos und Verwirrung geben. Darum muß jeder die Früchte seines eigenen *Karma* ernten." Was für ein Meisterstück an Ratschlag und Erläuterung.

Einmal fragte ich Swami nach *Moksha*. Jeder will *Moksha*. Egal, wie subtil der Wunsch nach *Moksha* ist, es ist trotzdem ein Wunsch. Swami antwortete: „Sehr gut. Du solltest nicht einmal den Wunsch nach *Moksha* behalten. Tue du nur deine Pflicht, und ich werde sehen, was wem zu geben ist." Also sollten wir vollkommen frei von Wünschen sein, um im spirituellen Bereich zu wachsen.

Einmal, als Swami Prashanti Nilayam verließ, fragte ich Ihn, was wir tun sollten, wenn Er physisch nicht anwesend ist. Er sagte, wir sollten uns an all das erinnern, was geschieht, wenn Er hier ist. Ich denke, dies gilt auch für Zeiten, in denen wir physisch von Swami entfernt sind.

Während eines unserer Interviews fragte Swami eine ausländische Devotee: „Was willst du?" Sie antwortete: „Swami, ich will Deine Gnade." Er erwiderte: „Du willst Meine Gnade? Dafür mußt du erst zu drei Nullen werden. Als erstes darfst du keine Beziehung zu irgend jemandem haben; keiner Mutter, keinem Vater, keinem Bruder, keinem Freund. Keine Bindungen. Wenn du danach immer noch an Mich glaubst, mußt du die zweite Null werden: kein Essen, keine Kleidung, kein Obdach. Wenn du Mich immer noch liebst, nachdem du all das verloren hast, dann mußt du bereit sein für die dritte Null. Menschen werden dich fälschlich beschuldigen und über dich reden. Wenn du weiterhin an Mich glaubst, dann wirst du würdig sein, Meine Gnade zu empfangen. Auf dieser Stufe gebe ich Mich Meinem Devotee vollkommen hin."

Ein kurzer Ausspruch von Swami in einem unserer ersten Interviews ist mir immer im Gedächtnis geblieben:

> *„Folge dem Herrn.*
> *Sieh dem Teufel ins Gesicht.*
> *Kämpfe bis zum Ende.*
> *Beende das Spiel. "*

Folge dem Herrn, deinem eigenen Gewissen; sieh dem Teufel ins Gesicht, allem, was als Böses in dein Leben tritt; kämpfe bis zum Ende, bis alle schlechten Neigungen sterben; beende das Spiel im Zustand der Erleuchtung der Seele – der Verschmelzung mit Gott.

Meine Mission ist nur viererlei: Vedaposhna, Vidwathposhna, Bhaktharakhana *und* Dharmarakshana. *Meine Aufgabe ist es, deine Augen für die Herrlichkeit der* Veden *zu öffnen und dich davon zu überzeugen, daß* vedische Vorschriften, *wenn sie in die Tat umgesetzt werden, zu den versprochenen Ergebnissen führen.*

"Sathya Sai"

16. FLÜSSIGE LIEBE

Nachdem mir die Gelegenheit, meinen Facharzt (M.D.) zu machen, genommen worden war, stürzte ich mich in dienende Tätigkeiten und entschloß mich, mein Leben den freiwilligen Blutspenden zu widmen. Und da gab es einen Patienten von mir, der mein Leben für immer verändern sollte, indem er ihm im Bereich des Blutspendens einen neuen Sinn und eine neue Richtung gab.

Einer meiner Patienten in der E.S.I. Krankenstation in Abohar war ein Mann namens Shafiq Ahmad. Shafiq war ein junger Mann, der in der örtlichen Baumwollfabrik arbeitete und unter einem ernsten Herzfehler litt, der eine chirurgische Korrektur erforderte. Da die Operation nicht in Abohar vorgenommen werden konnte, überwies ich ihn an das P.G.I. in Chandigarh. Weil er sozial schlecht gestellt war, wurde dort sehr wenig für ihn getan. Wiederholt kam er zu mir, um meine Hilfe in Anspruch zu nehmen, und schließlich schrieb ich einen Brief an den Direktor des P.G.I. in Chandigarh, er möge Shafiqs Fall übernehmen, um mir einen persönlichen Gefallen zu tun. Der Direktor erklärte sich dazu bereit, und Shafiqs Operationstermin wurde festgelegt. Ich wurde jedoch gebeten, 26.000 Rupien zu hinterlegen, um die Kosten der zu ersetzenden Herzklappe zu decken. Obwohl das E.S.I. ein staatliches Versicherungsprojekt für Staatsbedienstete war, mußte sehr viel Bürokratie überwunden werden, um das Geld zu beschaffen. Ich verbrachte mehrere Monate damit, Behörden in Chandigarh und Delhi aufzusuchen, um die notwendigen Genehmigungen für den vollen Betrag zu besorgen. Schließlich, nach ungefähr einem Jahr, wurde das Geld nach Chandigarh geschickt. Von dort kam die Antwort, daß der Preis für die Herzklappe in der Zwischenzeit gestiegen war und weitere 6.000 Rupien benötigt wurden.

Ich betete inbrünstig zu Swami, mir zu helfen. Ich schrieb an den Direktor des P.G.I. in Chandigarh mit der Bitte, den Fall für den bereitgestellten Betrag zu übernehmen, da es längere Zeit dauern würde, weitere 6.000 Rupien aufzutreiben, und die Angelegenheit sich wieder verzögern würde. Der Direktor willigte ein, den Termin für die Operation festzulegen, und Shafiq wurde aufgenommen. Doch es kam noch die weitere Bitte, sechs bis acht Einheiten Blut für Shafiq bereitzustellen. Sollte das Blut nicht zur Verfügung gestellt werden, würde er sofort entlassen werden. Shafiq bat mich inständig, ihm zu helfen. Ich ging zum Leiter der Baumwollfabrik, in der Shafiq gearbeitet hatte, und bat ihn, mir ein Fahrzeug zur Verfügung zu stellen, um Spender nach Chandigarh zu bringen (eine Entfernung von etwa dreihundert Kilometern). Er lehnte rundweg ab. Da mir vor Ort keine weitere Alternative blieb, wandte ich mich an die Sai Organisation und das Rote Kreuz in Chandigarh, um meinem Patienten zur Hilfe zu kommen. Mit Swamis Gnade wurde das Blut bereitgestellt, und selbst dieses Hindernis wurde überwunden. Während dieser Zeit wuchs Shafiqs Glaube an Swami immens, und er behielt ständig Swamis Foto bei sich.

Unglücklicherweise bekam Shafiq im P.G.I. in Chandigarh Gelbsucht, und seine Operation wurde wiederum verschoben. Niedergeschlagen kehrte er nach Abohar zurück und weinte im Gebetsraum meines Hauses hemmungslos zu Swamis Lotusfüßen. Meine Frau und meine Kinder hatten ebenfalls eine gewisse Liebe und Zuneigung zu Shafiq entwickelt. Ich tröstete ihn und versicherte ihm, daß seine Operation mit Swamis Gnade ganz bestimmt zu gegebener Zeit durchgeführt werden würde. Mehrere Male beteten meine Familie und ich zu Bhagawan für Shafiq. Er begann regelmäßig an unseren *Samithi* Bhajans und anderen *Seva*-Aktivitäten teilzunehmen.

Etwa sechs Monate später waren Shafiqs Hepatitis-Testergebnisse negativ, und er wurde wieder in Chandigarh aufgenommen. Bevor er Abohar verließ, bat er mich, während seiner Operation anwesend zu sein. Ich versprach, dort zu sein, wenn kein anderer Notfall auftauchte. Ich gab ihm etwas von Swamis materialisiertem Vibhuti, um es auf seine Brust aufzutragen und davon zu essen – als Zeichen von Swamis Liebe und Schutz. Aufgrund einer dienstlichen Verpflichtung konnte ich nicht nach Chandigarh zu seiner Operation fahren. Sie wurde jedoch erfolgreich durchgeführt. Zehn Tage später erhielt ich die freudige Nachricht, daß Shafiq entlassen werden sollte. Ich hatte vor, ihn persönlich nach Abohar zurückzubringen, doch am Tag vor der Abreise erhielt ich einen völlig unerwarteten Anruf. Shafiqs Bruder teilte mir mit, daß Shafiq in Chandigarh gestorben war und daß sein Leichnam zur Beerdigung nach Abohar überführt werde. Diese schockierende Nachricht versetzte uns alle in einen Zustand tiefer Traurigkeit. Ich konnte es einfach nicht begreifen, daß dieser liebenswerte und aufrichtige Mann, der uns wie ein Sohn war, so plötzlich von uns gegangen war. Meine Familie und ich waren tagelang überaus deprimiert. Shafiqs Tod brach mir wirklich das Herz. Sein letzter Wille war, daß ich es sein sollte, der ihn beerdigte, ihm Swamis Foto auf die Brust legte und Vibhuti in den Mund gab. Ebendiese Hände, die so hart für ihn gearbeitet hatten, waren es nun, die ihn in die Erde legten und ihm ein letztes Lebewohl sagten, mit den tiefempfundenen Gebeten, daß Swami ihn von uns empfangen möge.

Später erfuhr ich von Shafiqs Bruder, daß die Todesursache übermäßige Blutungen waren. Shafiqs Wunde war plötzlich aufgebrochen, und er verblutete. Ich schwor, daß von diesem

Augenblick an kein weiterer Patient jemals Shafiqs Schicksal erleiden würde. Selbst wenn ich jeden Tropfen meines eigenen Blutes hergeben muß – kein Patient wird aus Mangel an dieser flüssigen Liebe sterben. Trotz unserer tiefen Traurigkeit über den Verlust von Shafiq kämpften wir, um unsere Gefühle zu überwinden und alles, was geschehen war, als Swamis Willen anzunehmen. In Zeiten wie diesen versuchen viele Menschen, Gott die Schuld zu geben, und verlieren den Glauben an Ihn, da die Dinge nicht so geschehen, wie sie es möchten. Aber Swami hat Seine eigene subtile Art, uns viele Dinge zu lehren. Selbst in seinen letzten Augenblicken erinnerte sich Shafiq an Swami; er wollte diese Welt mit Swami als seinem einzigen Begleiter verlassen. Sein Glaube an Swami wankte nie, brach niemals. Wenn wir uns an Shafiqs Beispiel erinnern können, haben wir gelernt, was Swami uns vermitteln wollte. Ich bete zu Bhagawan, Er möge diese geliebte Seele für immer in Seinem Schoß behalten.

Im Oktober 1992 traf ich einen gutaussehenden und charmanten jungen Mann namens Sanjay Chhiber. Er war etwa fünfundzwanzig Jahre alt und litt an aplastischer Anämie, einer Blutkrankheit. Wir verabreichten Sanjay hier in Prashanti Nilayam reichliche Bluttransfusionen. Als sein Zustand kritisch war, wies Swami mich persönlich etwa vier Tage lang an, wie ich ihn täglich behandeln sollte. Nachdem er sich von diesem besonderen Anfall seiner Krankheit erholt hatte, kam Sanjay, um mit mir zu reden. Er bat mich, ihm frei heraus meine Meinung über seinen Zustand zu sagen. Ich sagte ihm, daß der Göttliche Arzt jede Krankheit heilen könne. Wir verbrachten viele Stunden damit, völlig versunken über Swami zu sprechen und die Wärme Seiner Liebe zu teilen. Bevor er mein Büro verließ, sagte mir Sanjay, er wisse, daß seine Tage gezählt seien. Er fühlte, daß er die Arbeit vollendet hatte, die zu tun Swami ihn auf die Erde gesandt hatte, und er wäre bereit, wenn der Herr ihn riefe. Sanjay wollte, daß Swami erfuhr, daß er seine Lektionen gut gelernt hatte; als ein gescheiter und gehorsamer Schüler hatte er alles aufgenommen, was der Göttliche Lehrer ihn gelehrt hatte. Ich war beeindruckt von seiner inneren Kraft und seinem Annehmen eines solchen Schicksals. Er war überhaupt nicht verbittert oder kalt, obwohl er durchaus Anlaß dazu gehabt hätte. Sanjays liebevolle Persönlichkeit ließ mich eine tiefe Verwandtschaft mit ihm fühlen, und ich betete zu Swami für sein Wohlergehen.

Im Dezember desselben Jahres sandte Swami Sanjay in die USA, nachdem Er ihm gesagt hatte, Er werde ihn im Februar verheiraten. Sanjay war bei einer bekannten Arzneimittelgesellschaft in Amerika angestellt. Aufmerksam nahm er sich die Zeit, mir eine Menge Bücher zu senden, um die ich gebeten hatte. Ich schickte ihm weiterhin meine Liebe und betete für ihn. Eines Tages wurde ich plötzlich informiert, daß Sanjay während einer Behandlung in den USA gestorben war. Die tragische Nachricht traf etwas tief in meiner Seele. Ich fühlte mich besonders betroffen darüber, daß eine so edle Seele in jungen Jahren von uns gegangen war.

Später kehrten seine Eltern zurück, und ich traf mich mit ihnen, um ihnen mein Beileid auszusprechen. Sie erzählten mir, daß während Sanjays letzten Tagen im Krankenhaus sowohl sie als auch er Swami gesehen hatten, wie Er Sanjay physisch in Seinen Armen hielt. Sanjay tat seinen letzten Atemzug in Gottes Armen, bevor er mit Ihm in der Vermählung verschmolz, die ewig ist. Niemals in meinem Leben werde ich vergessen, was dieser junge Mann mich gelehrt hat. Wenn der Tod kommt, zählen nicht die Lebensjahre, sondern die Taten, die man vollbracht hat. Sanjay war ein Student, der die Göttliche Botschaft so gut lernte, daß er für uns alle, die mit ihm in Berührung kamen, ein Lehrer wurde.

164

Ich hatte beschlossen, alle glücklichen Anlässe in meinem Leben durch das Teilen des Geschenks der flüssigen Liebe, des Blutes, mit einem Bedürftigen zu feiern. Ich spende Blut an Bhagawans Geburtstag, den Geburtstagen meiner Kinder, meinem Hochzeitstag. Bei der Feier zu Swamis sechzigstem Geburtstag arbeitete ich in der Krankenstation neben dem Poornachandra Auditorium. Da sich Swamis Geburtstag rasch näherte, fragte ich mich, ob und wie ich in Prashanti Nilayam Blut spenden könne.

Am 22. November 1985 arbeitete ich in unserem provisorischen Labor mit Dr. Subramanium, Professor für Biochemie am Guntur Medical College. Er gab mir einen Objektträger mit einer Blutprobe zur Untersuchung unter dem Mikroskop. Ich kam zu dem Schluß, daß der Patient akute Leukämie hatte, einen Blutkrebs, und wahrscheinlich einen sehr niedrigen Hämoglobinspiegel. Der Sohn des Patienten war zufällig ein Arzthelfer, der mit uns zusammenarbeitete, und er erzählte mir, daß sein Vater übermäßig geblutet habe, was den niedrigen Hämoglobinspiegel bestätigte. Der Patient benötigte eine Bluttransfusion, doch der Sohn konnte das Blut nicht besorgen. Ich fragte ihn, ob er die Blutgruppe seines Vaters wisse, und er antwortete: „Ja, Sir, 0 positiv." Ich bat ihn, mich umgehend zum Krankenhaus zu begleiten. Sowohl mein Schwager als auch ich waren 0 positiv, und wir würden unser Blut für den Patienten spenden. Innerlich dankte ich Swami für die Gelegenheit, dienen zu können, und dafür, daß Er meinen inneren Wunsch, an Seinem Geburtstag Blut zu spenden, erfüllt hatte.

Im Krankenhaus erklärte ich alles dem Oberarzt, Dr. Chary, einem älteren Herrn, der alles Swamis Lotusfüßen dargereicht hatte. Er war einverstanden, uns Blut abzunehmen und es dem Patienten zu übertragen. Als ich auf der Liege lag und Blut spendete, sah ich Swamis Foto an der Wand. Seine beiden

Hände waren zum Segen erhoben. Als die Blutabnahme vorüber war, setzte ich mich auf, und ich sagte zu Bhagawan in
meinem Herzen: „Herr, Du weißt, daß ich heute zum sechs-
unddreißigsten Mal Blut gespendet habe. Danke, Swami."

Plötzlich kam eine Schwester hereingeeilt, um uns mitzuteilen, daß Swami zum Krankenhaus kam. Wir liefen alle zusammen und stellten uns an den Eingang. Swamis Wagen traf ein,
und Er stieg vor uns aus. Er fragte Dr. Chary nach dem
Zustand des Leukämiepatienten und den Einzelheiten der Bluttransfusion. Dr. Chary erzählte Swami, daß das Blut bereitgestellt worden war und ich Blut für die Transfusion gespendet
hatte. Swami kam zu mir, segnete mich, indem Er mir den
Rücken tätschelte und mir Vibhuti gab. Lächelnd fragte Er:
„Wie war diese Blutspende, Sir?" Meine Gefühle ließen sich
nicht zurückhalten, und während mir Tränen über das Gesicht
liefen, antwortete ich: „Swami, ich werde diese Blutspende
niemals vergessen." Swami winkte, ging weiter und hinterließ
eine Spur von Segnungen und Erinnerungen, die ich immer in
Ehren halten werde. Zu diesem Zeitpunkt hätte ich mir nie
vorstellen können, daß DIESE Blutspende bildlich gesprochen der Grundstein war, auf dem ein großes Gebäude errichtet werden würde – daß Swami diesen demütigen Diener für
eine Aufgabe auserwählt hatte, die es in den nachfolgenden
Jahren zu erfüllen galt.

Liebe, Respekt, gegenseitige Hilfe, Nachsicht – sie müssen aus dem Herzen aller allen zufließen, ihr seid alle Glieder eines Körpers – des Sai-Körpers. Liebe ist Freude, Liebe ist Kraft, Liebe ist Licht, Liebe ist Gott. Wenn ihr Mich überhaupt bezeichnen wollt, dann nennt Mich **Premswarup.** *Liebe ist der Grundton der Harmonie; Arbeit, Gottesdienst und Weisheit sind die drei Stufen auf dem Weg zu Gott. Liebe führt zu Ausdehnung, Haß führt zu Zusammenziehung. Liebe lebt vom Geben und Vergeben, das Ich lebt vom Bekommen und Vergessen. Selbstlose Liebe ist die Quelle von Glück, Wahrheit, Frieden, Opfer, Ausdauer und allen anderen höheren Werten des Lebens.*

„Sathya Sai"

17. Sri Sathya Sai Institut der höheren medizinischen Wissenschaften

Der Wunsch, ständig zu Swamis Lotusfüßen zu leben, hatte von Anfang an in mir gebrannt. Swami ist ein liebender Gott, der die aufrichtigen und wahren Sehnsüchte Seiner *Bhakthas* erfüllt, aber alles enthüllt sich uns erst zur rechten Zeit. Schon bei unserer allerersten Reise nach Prashanti Nilayam im Jahre 1981 äußerte ich den Wunsch, für immer hierher zu kommen. Während ich am 25. September in der *Darshan*-Reihe saß, begann ich zu Swami zu beten, Er möge mir die Möglichkeit geben, in Prashanti zu leben und als Arzt in Seinem kleinen Krankenhaus zu arbeiten. Als Swami sich unserer Seite näherte, verstärkten sich meine Gebete. Er blickte mich an und schritt weiter. Innerlich schrie ich auf: „Swami, willst Du nicht auf meine stillen Gebete hören?" Swami trat in Seinen Fußspuren rückwärts und blieb vor mir stehen. Er fragte: „Sind das nicht Meine Menschen? Ist das nicht Meine Arbeit?" Er ließ mich erkennen, daß meine Arbeit im Punjab nicht weniger wichtig war als irgendeine Arbeit, die in Prashanti getan wurde. Jeder Patient ist Sein, jedes vollendete Werk ist Sein.

Nachdem ich die Aussicht verloren hatte, meinen Facharzt (M.D.) zu machen, fuhr ich 1983 zu Bhagawan, um Seinen Segen zu erbitten. Nachdem Er mich getröstet hatte, betete ich zu Bhagawan: „Swami, bitte gib mir Arbeit hier. Meine Frau ist Zahnärztin. Sie könnte auch gebeten werden, hierher zu kommen." Swami antwortete: „Warte. Du bist bereit. Deine Frau ist noch nicht bereit." Ich nahm das Gebot des Herrn an und wartete auf den langersehnten Tag, an dem Er mich zu Sich rufen würde.

Im November 1990 war ich zu Swamis fünfundsechzigstem Geburtstag wieder in Prashanti Nilayam. Ich unterrichtete Dr. A. Bapiraju davon, daß ich Arzt sei und meine Dienste für den Notfall anbieten wolle. Gleich am nächsten Tag informierte er mich, daß Swami für alle Seine Studenten eine medizinische Untersuchung wünschte. Was für ein einmaliges Glück ich hatte – mit all diesen jungen Knospen in Berührung zu kommen, die in SAIs Licht erblühten. Um dieses Vorhaben auszuführen, fuhr ich weiter nach Bangalore und besorgte mit der Hilfe eines weiteren Arztes dort die für die ärztliche Untersuchung notwendigen Materialien und Formulare. Die folgenden fünf Tage verbrachten wir damit, Swamis Studenten zu untersuchen. Jeden Tag erhielten wir Swamis *Prasad*, das wir mit diesen unschuldigen Kindern aßen. Am 22. November 1990 legte Swami den Grundstein für das Sri Sathya Sai Institute of Higher Medical Sciences, eine beispiellose Institution der Zukunft. In diesem Augenblick betete ich aus vollem Herzen und tiefster Seele zu Swami, daß, wenn ich eine Arbeit dort bekommen könnte, mein Leben erfüllt sein würde. Später traf ich Dr. A. N. Safaya, den zukünftigen Direktor des Krankenhauses, und ich gab ihm meinen Lebenslauf mit der demütigen Bitte und Gebeten, mir zu erlauben, zu kommen und Swami in Seinem höchst außergewöhnlichen Institut zu dienen.

Endlich kam der Festtag – Swamis Geburtstag. Etwa 350.000 Devotees waren bei diesem bedeutsamen Anlaß anwesend, nur um einen flüchtigen Blick auf ihren Herrn zu erhaschen. Swami schnitt eine riesige, hundert Kilogramm schwere Geburtstagstorte an, die Seine Studenten für Ihn gemacht hatten. An diesem Tag fühlte ich mich als der glücklichste Mensch auf Erden, denn ich erhielt etwas, was niemand sonst bekam. Man gab mir die Kerzen in den Formen der Zahlen sechs und fünf samt dem Dekorationsmaterial der Torte. Sie werden für immer einen Schatz darstellen, und zukünftige Generationen werden kommen und sich daran erinnern, daß diese Kerzen von Gott Selbst angezündet wurden.

Im September 1991 erhielt ich einen Brief von meiner Mutter, in dem sie mich über eine Anzeige informierte, in der die verschiedenen Stellen am Sri Sathya Sai Institute of Higher Medical Sciences (SSSIHMS) ausgeschrieben waren. Ich gab meine Bewerbung und meinen Lebenslauf Shams Vater mit, der nach Prashanti Nilayam fuhr. In diesem Krankenhaus arbeiten zu dürfen, war der höchste Traum meines Lebens. Ich würde ständig zu den Lotusfüßen meines Herrn sein und stets den Bedürftigen und Armen dienen. Es konnte keine größere Chance für mich geben. Bhagawan allein kannte die Sehnsucht meines Herzens nach der Erfüllung dieses Wunsches.

Am 28. Oktober 1991 erhielt ich einen Einschreibebrief, der die GLÜCKLICHSTE NACHRICHT meines ganzen Lebens enthielt. Der Allgnädige Swami hatte meine Gebete erhört und mich damit gesegnet, eines Seiner demütigen Werkzeuge im großartigsten medizinischen Institut der Welt zu sein. Er hatte mich dazu ausgewählt, der Leiter der Blutbank im Sri Sathya Sai Institute of Higher Medical Sciences zu sein. Es war wirklich die Chance meines Lebens. Innerhalb von Sekunden hatte ich mich entschlossen, alles zurückzulassen und anzunehmen. Freunde und Bekannte waren sprachlos über meine plötzliche Entscheidung zu gehen, und viele versuchten mich davon abzubringen. Sie sagten mir, ich solle nicht meine bequeme Stellung bei der Regierung mit gutem Gehalt, guter Position und Sozialleistungen aufgeben. Für mich gab es nur ein Argument, und das war, daß NICHTS damit vergleichbar ist, in der physischen Gegenwart Bhagawans zu sein. Ich war bereit, alles in der Welt allein dafür aufzugeben.

Ich begab mich nach Delhi, um einige Schulungen im All India Institute of Medical Sciences zu durchlaufen. Meine Frau und unsere Kinder lebten weiterhin in Abohar, und wir beteten alle, daß Swami uns bald wieder vereinen möge. Ich traf am 18. November 1991 in Prashanti Nilayam ein, und am nächsten Tag ging ich in das Poornachandra Auditorium, um Bhagawan zu treffen. Als Er mich sah, rannte Swami beinahe zu mir herüber und umarmte mich herzlich. Er nahm meine kleinen Hände in die Seinen und sagte: „Bhatia, Ich habe dich zu einem besonderen Zweck ausgewählt. Meine Blutbank soll die BESTE in der Welt sein." Ich antwortete: „Ja, Bhagawan, sie *wird* es mit Deiner Gnade und Deinem Segen sein." Etwa zwanzig bis fünfundzwanzig Minuten lang hielt Swami meine Hände und ließ Energie in mich fließen, damit ich die Aufgabe, für die ich auserwählt worden war, ausführen konnte. In Wirklichkeit bin nicht ich es, der irgend etwas tut. Er ist es, der der innere Antrieb ist und alles macht. Wir sind alle Seine Werkzeuge. Swami gab mir Anweisungen und Ratschläge für meine Arbeit und segnete mich reichlich, bevor Er ging. Vollkommen aufgeladen mit Göttlichem Segen und Liebe ging ich an die Arbeit, die für mich bereitlag.

Da das Krankenhaus am 22. November eingeweiht und Herzoperationen durchgeführt werden sollten, blieb nicht viel Zeit, um alles fertigzustellen. Die Herrlichkeit von *Swamis* Plan offenbart sich nun. Im Jahr zuvor war ich dagewesen, um bei den Vorkehrungen und der Durchführung von Vorsorgeuntersuchungen aller Studenten Swamis zu helfen. In dieser Zeit prüften wir die Blutgruppe eines jeden. Das machte es möglich, in kurzer Zeit ein Blutspendelager einzurichten, um Blut für die ersten durchzuführenden Operationen abzunehmen. Wir planten das Lager – das erste seiner Art – für den 21. November 1991.

Ich ersuchte Bhagawan um die Erlaubnis, der erste Blutspender der Blutbank Seines Instituts sein zu dürfen. Swami gewährte mir gnädig diese Ehre. Nachdem wir Seinen Segen erhalten hatten, begaben wir uns zum Wohnheim der Jungen und nahmen die benötigte Menge an Bluteinheiten ab. Um etwa 20:30 Uhr bekam ich schließlich die Gelegenheit, zur Blutbank im neu erbauten Krankenhaus zu gehen. Alles ging drunter und drüber. Es herrschte Chaos, und ich konnte mir nicht vorstellen, daß diese Einrichtung am nächsten Tag als Krankenhaus dienen könnte. Aus früheren Erfahrungen wußte ich jedoch, daß Swami solche Situationen erschafft, um unser Vertrauen in Ihn zu testen. Innerhalb weniger Stunden gelang es einer bloßen Handvoll von uns, alle Geräte aufzubauen und alles so schön vorzubereiten, daß wir vor dem bevorstehenden langen Tag sogar noch einige Stunden Schlaf bekamen.

Während der ganzen Nacht arbeiteten Tausende von *Seva Dals*, Studenten und Mitarbeitern, um letzte Hand an das Krankenhaus zu legen. Es sah eher aus wie ein Göttlicher Tempel als wie ein Krankenhaus. Worte reichen nicht aus, um die Schönheit und die Erhabenheit des Institutes zu beschreiben, das sich über ein Gebiet von etwa vierzig Quadratkilometern erstreckt, wovon 32.500 Quadratmeter bebaut sind. Jedes Teilchen vermittelte die Schwingungen Swamis und Seiner Gnade. Die Tatsache, daß es in nur fünfeinhalb Monaten erbaut wurde, ist ein Wunder für sich.

Unsere Herzen klopften in Erwartung von Swamis Besuch des Krankenhauses zur Einweihungsfeier. Er kam schließlich mit Shri P. V. Narsimha Rao, unserem Premierminister, dem wichtigsten Gast. Begleitet vom Gesang der *Veden* und der Heiligen Namen des Herrn wurde das Krankenhaus in aller Form eingeweiht.

Swami nahm Seine Gäste mit auf einen Rundgang durch das Krankenhaus und zeigte ihnen alle Einrichtungen. Der Premierminister und andere waren ganz verwirrt beim Anblick all dessen. Er sagte, daß die Einweihung des Krankenhauses und das Einberufen der Universitätsmitglieder reine Vorwände von Bhagawan gewesen seien, um ihn hierher zu bringen und ihm Seinen Segen zu gewähren, der zu dieser Zeit von ihm und dem Land dringend benötigt werde.

Da wir im Krankenhaus sehr beschäftigt waren, konnten wir an den Feierlichkeiten zu Swamis Geburtstag nicht teilnehmen. Von meiner Abteilung aus übermittelte ich in aller Stille meine *Pranams* an Ihn. Und innerhalb von Stunden reagierte Er, indem Er zum Krankenhaus kam, um uns zu segnen. Wirklich, jedesmal, wenn Swami das Krankenhaus besucht, werde ich daran erinnert, welches Glück wir haben – der Herr Selbst kommt zu uns; wir müssen nicht einmal zu Ihm gehen, um Seinen Heiligen *Darshan* zu erhalten. Welchen größeren Segen könnten wir von Ihm erbitten?

Am nächsten Tag, als ich beim Morgen-*Darshan* saß, betete ich für meinen Vater, dem es nicht gut ging. Swami kam und blieb direkt vor mir stehen. Ich erzählte Ihm vom Zustand meines Vaters, und Er materialisierte einen schönen silbernen Ring. Als Er ihn in meine Hemdtasche steckte, sagte Er mir, ich solle ihn meinem Vater schicken. Dann sagte Er in leisem Ton, daß mehrere Würdenträger und Funktionäre auf Seinen *Darshan* warteten. Ich fühlte mich so demütig und gesegnet, daß Swami an diesem Tag zu mir gekommen war.

Während der nächsten Tage sprach Swami täglich mit mir – entweder während des *Darshan* oder im Interviewraum. Am 29. November rief Er Dr. P. Venugopal, den Leiter des Fachbereichs für Herz- und Brustraum-Chirurgie am All India Institute of Medical Sciences, und die anderen Mitglieder seines Teams. Sie waren diejenigen, die den Großteil der Operationen in unserem Institut durchführten. Swami hatte die Güte, auch mich mit ihnen zu rufen.

In diesem Interview waren die Anzahl und die Vielfältigkeit der Dinge, die Swami materialisierte, schwindelerregend. Zuerst produzierte Er für einen der anwesenden Herren eine wunderbare goldene Seiko International Armbanduhr. Indem Er sich den anwesenden Ärzten zuwandte, materialisierte Er mit einem Schwenken Seiner Hand sieben mit *Navratnas* besetzte Goldringe. Swami schob persönlich jedem einzelnen Arzt einen Ring auf den Finger; sie paßten uns allen genau. Dann verteilte Er kostbare wollene Kleidungsstücke und Umhängetücher an uns alle. Swami Selbst wählte die Farbe, die mir stehen würde. Er hielt eine an mein Gesicht und sagte „Nein". Er wählte eine andere Farbe aus und war mit dieser ebenfalls nicht einverstanden. Schließlich war Er mit der dritten zufrieden und sagte: „Ja, diese paßt zu deiner Gesichtsfarbe." (Gleich zu Beginn, als ich den Haufen Kleidungsstücke sah, war dies die Farbe gewesen, die ich mir für mich wünschte.)

Nachdem Er Umhängetücher und Seidensaris an die anwesenden Damen verteilt hatte, sah Swami mich an und fragte: „Was bedeutet Venugopal?" Ich antwortete: „Bhagawan, ‚venu' bedeutet Flöte, und ‚gopal' bedeutet Krishna. Daher bedeutet Venugopal Krishna mit der Flöte." Swami lächelte, wirbelte in der inzwischen vertrauten Weise mit Seiner Hand und materialisierte eine *Navratna*-Halskette mit einem riesigen goldenen Gott Krishna, der von der Mitte herabhing. Krishna spielte Flöte, und Swami sagte: „Hier ist Venugopal." Er reichte die Kette herum, bevor Er sie um den Hals von Dr. Venugopal legte. Doch Seine Schöpfungen waren für diesen Tag noch nicht zu Ende. Swami brachte dann Goldmünzen in Seiner Hand hervor und gab jeder der etwa fünfundzwanzig anwesenden Damen eine. Als Er dies getan hatte, waren noch einige in Seiner Hand übrig. Er öffnete Seine Handfläche, und das Gold verschmolz geradewegs mit Seiner Hand. Das war das erste

Mal, daß ich sah, wie etwas von Swami dematerialisiert wurde. Nicht nur, daß Er absolut alles erschaffen kann, sei es lebendig oder leblos, sondern Er kann auch Dinge dematerialisieren. Schließlich schwenkte Swami noch einmal Seine Hand und erzeugte zwei Seiko Damenuhren: eine für die Anästhesistin und eine für die dienstälteste Krankenschwester.

Swami weiß alles über jeden. Er weiß, wer was braucht und wann er es braucht. Am Tag vor diesem beeindruckenden Interview saßen wir im Krankenhaus beim Frühstück, und eine der Ärztinnen, die zu Besuch waren, sprach ziemlich kritisch über Swami. Ich fühlte mich etwas beunruhigt und sagte zu ihr: „Madam, wenn Sie auch nur einen Bruchteil von dem erleben könnten, was ich mit Swami erlebt habe, würden Sie Ihn augenblicklich zum *Avatar* unseres Zeitalters erklären. Ich bin sicher, daß Sie mir zustimmen werden, sobald Sie Swami in diesem Interviewraum treffen." Sie war nicht überzeugt. Am nächsten Tag, während des Interviews, sah ich sie unkontrolliert weinen. Ich fragte sie, warum sie weinte, und sie antwortete: „Ja, Doktor. Er ist Gott, der alles weiß." Innerhalb von vierundzwanzig Stunden hatte Swami ihr Herz verwandelt und ihr Glauben eingegeben.

Bevor das Interview vorüber war, stand Swami auf und brachte noch einen weiteren Seidensari. Er gab ihn einer Dame, die vorher keinen bekommen hatte. Er sagte: **„Bewußtheit – ja, Ich weiß, daß sie vorhin ausgelassen worden ist. Alles vollständig und zu jedem Zeitpunkt zu wissen ist Bewußtheit."** Wenn wir einen Bruchteil Seiner Bewußtheit erlangen könnten, gäbe es keine Konflikte in der heutigen Welt. Seht, wie behutsam Swami uns durch Sein eigenes Beispiel lehrt.

Einige Tage später erzählte mir Sham, daß Bhagawan Dr. Alreja (einen weiteren älteren und angesehenen Arzt in Prashanti Nilayam) darüber informiert hatte, daß Er eine Zahnärztin hierherbringe, und zufällig sei sie die Frau des Leiters der Blutbank. Als Sham mir dies erzählte, konnte ich meine Tränen nicht zurückhalten. Ich hatte gerade einen Brief an Swami geschrieben, in dem ich Ihn fragte, ob Er Poonam und die Kinder hierherbringen könne, und dieser Brief war noch in meiner Tasche. Außerdem hatte mich Dr. Bhagwat, der die medizinische Oberaufsicht hatte, am Vortag beiläufig nach meiner Familie gefragt. Als ich ihm erzählte, daß meine Frau Zahnärztin sei, sagte er, daß Bhagawan ihm – bereits lange bevor ich meine Stelle angetreten hatte – mitgeteilt habe, daß Er eine Zahnärztin holen würde, so daß ihre Stelle nicht ausgeschrieben werden müsse, da Er Selbst sie direkt ernennen werde. Dr. Bhagwat sagte mir, daß er erst jetzt verstehe, daß Swami wahrscheinlich meine Frau gemeint habe. Ich war so glücklich bei dem Gedanken, daß unsere Familie wieder vereint sein würde.

An diesem Abend kam Swami während des *Darshan* langsam auf mich zu. Als ich mit gefalteten Händen dastand, griff Er in meine Hemdtasche und sagte: „Du hältst deine Ehefrau in der Tasche." Ich antwortete: „Nein, Bhagawan, nur Dich. Hier ebenso wie in meinem Herzen." Swami blickte mich mit einem bezaubernden Lächeln an und zog den Brief aus meiner Tasche. Er sagte: „Was ist das – deine Ehefrau?" Ich konnte mir nicht vorstellen, wovon Er sprach. Als ich den Brief sah, in dem ich Ihn gebeten hatte, Poonam hierherzubringen, erinnerte ich mich: „Oh, Bhagawan, ja." Er nickte und sagte: „Ja, ja. Ich weiß, Ich weiß, deine Ehefrau ist Zahnärztin." Und Er ging fort.

Am nächsten Tag kam Swami aus Seinem Raum und sagte: „Deine Frau ist Zahnärztin." Ich antwortete: „Ja, Swami." Er sagte: „Rufe sie." Einige Tage später rief Swami mich zu einem Interview und erkundigte sich nach meiner Frau und meinen Kindern. Er sagte mir, ich solle für meine Töchter

Transferbescheinigungen besorgen, und Er werde sie in Seiner Schule aufnehmen. Folglich rief ich meine Frau an und bat sie alle zu kommen. Während der nächsten Tage fragte Swami mich wiederholt nach meiner Familie. Jedesmal rief ich in Abohar an und sagte ihnen, sie sollten schnell kommen.

Eines Tages rief Swami eine Gruppe Seiner Studentinnen von der Universität in Anantapur zu sich, die Er dazu ausgewählt hatte, Schwestern im Krankenhaus zu werden. Sie waren auf dem Weg nach Delhi, um dort ihre Ausbildung zu absolvieren. Swami gab jeder eine Wolldecke, Taschengeld und dazu Belehrungen, das hohe Niveau an Charakter und Tugend zu halten. Es sah aus, als ob die Göttliche Mutter ihre kleinen Töchter liebevoll anleitete und beschützte. Mit einer kreisenden Bewegung Seiner Hand materialisierte Swami für jedes Mädchen ein schönes silbernes Medaillon. Dann brachte Er ein Shiva *Lingam* hervor und sagte ihnen, sie sollten es immer bei sich tragen und täglich *Abhishekam* damit verrichten. Das Trinken dieses Wassers würde sie vor allen Krankheiten auf ihrer Reise beschützen.

Am 11. Dezember ging ich zum Bahnhof Dharmavaram, um meine Familie zu empfangen. Es war eine freudige Wiedervereinigung nach etwa eineinhalb Monaten der Trennung. Wir alle hatten Träume und Hoffnungen für unser neues Leben zu Bhagawans Lotusfüßen. Während des Abend-*Darshan* kam Swami zu mir und erkundigte sich nach ihrer Ankunft. Ich sagte Ihm, daß sie angekommen seien, und Er sagte: „Ja, ich kann von deinem Gesicht ablesen, daß deine Ehefrau gekommen ist. Es ist ein Leuchten in deinem Gesicht." Ich errötete nur und fiel Ihm zu Füßen. Dann sagte Swami, auf die Frauenseite deutend, auf der Poonam saß: „Deine Frau ist dort", und auf Sich deutend: „Aber das LEBEN ist hier." („Wife is there, but LIFE is here.") Ich sagte: „Ja, Swami, alles ist hier. Swami, Du bist unser Anker. Wir haben nur auf Deinen Befehl hin alles in Abohar zurückgelassen. Wir sehen einen riesigen Ozean Deiner Göttlichen Gnade vor uns. Bitte! Laß uns für immer hier zu Deinen Füßen sein."

Zwei Tage lang rief Swami uns nicht zu einem Interview. Wir begannen uns Sorgen zu machen, da die Mädchen mit jedem weiteren Tag die Schule versäumten. Jeder von uns betete inbrünstig zu Bhagawan, Er möge uns auf unserem zukünftigen Lebensweg führen. Schließlich sagte Swami am 13. Dezember 1991 zu mir, ich solle meine Familie rufen. Sie kamen alle von der Frauenseite herbeigeeilt. Im Interviewraum stellte Swami mich als Seinen Leiter der Blutbank und Poonam als Seine Zahnärztin vor. Er rief meine jüngere Tochter Rachita zu sich und fragte sie nach ihrem Namen. Sie antwortete: „Rachita." Mit einer kreisenden Bewegung Seiner Hand materialisierte Swami ein schönes, herzförmiges Silbermedaillon mit Seiner erhaben gearbeiteten goldenen Büste auf der Vorderseite und gab es ihr. Einen Augenblick später nahm Er es wieder zurück und fragte sie: „Wo ist deine Kette? Wie willst du es um deinen Hals legen?" Dann hielt Er das Medaillon in Seiner Hand und blies dreimal darauf. Es kam eine schöne silberne Kette zum Vorschein, und das Medaillon hing daran. Mit Seinen eigenen Händen legte Er die Kette um ihren Hals.

Im inneren Interviewraum zeigte uns Swami so sehr Seine Liebe. Er sprach mit meiner Frau über den Tod ihres Vaters. Poonam nahm seinen Tod sehr schwer, da sie das älteste Kind ist. Swami tätschelte sie und sagte: „Sorge dich nicht. Von heute an ist Swami dein Vater, und du bist meine Tochter. Bitte mich um alles, was du willst." Vor Rührung konnten wir nicht sprechen. Poonam brachte kein Wort heraus.

Swami fragte meine ältere Tochter Shweta, was sie werden möchte. Sie antwortete: „Ärztin, Swami." Baba sagte: „Ja, werde Ärztin – keine Zahnärztin wie deine Mutter, sondern

Gynäkologin. Schließe deinen M.B.B.S. ab, aber höre damit nicht auf, denn M.B.B.S. ist nur eine Zwischenstufe. Swami wird für deine Aufnahme im Bangalore Medical College sorgen und dich dann zur Gynäkologin machen, und danach wird Er dich für ein weiterführendes Studium nach London schicken. Swami wird 500.000 Rupien für deine Ausbildung ausgeben. Dann wird Er dir einen Arbeitsplatz in Seinem Krankenhaus geben." Er wandte sich Rachita zu und fragte sie, was sie werden möchte. Sie sagte: „Swami, keine Ärztin." Baba sagte: „Ja, ja. Keine Ärztin. Du wirst eine I.A.S. (Indian Administrative Service) Beamtin. Fangt jetzt an, hart zu arbeiten." Als meine Frau und ich dies alles hörten, empfanden wir Swami gegenüber ein Gefühl ungeheurer Dankbarkeit. Er hatte uns die Last abgenommen, unsere Kinder großzuziehen und sie im Leben zu etablieren.

Nachdem Er die bisherigen Urkunden und Zeugnisse der Mädchen gesehen hatte, sagte Swami uns, Er werde mit der Direktorin Seiner Schule sprechen, damit unsere Töchter am Montag dort aufgenommen würden. Er sagte zu Poonam, sie solle nach Makara-Sankranthi als Zahnärztin anfangen, da dies eine sehr günstige Zeit für sie sein werde. Vollkommen zufrieden verließen wir den Raum.

Am Samstag, dem 14. Dezember, rief Swami uns wieder, zusammen mit Dr. Safaya, Dr. Bhagwat, Dr. Hary, der Oberschwester Frau Parvati Ram und ihren vier Töchtern. Er materialisierte drei Medaillons samt Ketten für die drei jüngsten Töchter von Frau Ram. Für die älteste Tochter machte Swami ein schönes Paar Ohrringe in der Form eines „S". Shweta begann leise zu weinen. Swami fragte sie: „Warum weinst du? Weil Swami der anderen Schwester neulich ein Medaillon gab und dir nicht. Eifersüchtig?" Da bewegte sich die Göttliche Hand, und es erschien ein schönes Medaillon mit Kette, ähnlich dem Schmuck, den Rachita erhalten hatte. Im inneren

Interviewraum sagte Bhagawan uns, wir sollten unsere Töchter am Montag nach 9:00 Uhr zur Schule bringen, da von 7:30 Uhr bis 9:00 Uhr eine ungünstige Zeit wäre. Swami kümmert sich peinlich genau um die kleinsten Details.

Am nächsten Tag ging ich ins Krankenhaus und erfuhr, daß Swami zu Besuch kommen würde. Da ich der einzige anwesende Arzt war, eilte ich, Ihn zu empfangen. Er besuchte jede Abteilung und fuhr im Aufzug nach oben. Ich erhielt die seltene Gelegenheit, mit Swami allein im Lift zu sein. Als er hinauffuhr, betete ich im stillen: „Herr, bitte führe mich weiterhin sowohl spirituell als auch körperlich immer höher, so daß ich in einem Zustand sein kann, in dem nichts fortbesteht außer Dir." Bevor Er das Krankenhaus verließ, gab Swami mir Seinen Segen und das höchst begehrte *Padnamaskar*.

Am Montag, dem 16. Dezember 1991, brachten Poonam und ich Shweta und Rachita um 9:30 Uhr zu der großartigsten Erziehungseinrichtung der Welt, der einzigen, die fortwährend von Gott Selbst gesegnet wird. Diese Schule, die eines Tages ihre Alma Mater sein würde, war im Begriff, ihr Leben, ihre Laufbahn, ihre Bestimmung und ihr Glück zu gestalten. Die Schulleiterin, Frau Munni Kaul, nahm unsere Mädchen liebevoll in ihren Schoß und versicherte uns, daß sie umsorgt sein würden. Nachdem wir sie verlassen hatten, war ich äußerst gerührt, und die Tränen flossen – Tränen der Trennung, Tränen der Freude, Tränen der Dankbarkeit gegenüber Bhagawan. Jahrelang sehnen sich Eltern danach und beten dafür, daß ihre Kinder in Swamis Schule aufgenommen werden. Wie konnten wir Ihm das jemals vergelten?

Am nächsten Tag rief Swami mich zu einem Interview und verkündete, daß dies ein sehr günstiger Tag sei: Vaikunta Ekadasi, der Tag, an dem Gott Vishnu *Amritha* an alle Götter und Göttinnen verteilte. Ich saß da im Sai Vaikunta, und Sai

Vishnu war vor uns und segnete uns alle. Unter uns befanden sich eine Dame aus Malaysia, die Direktorin einer Musikschule war, General Carlos, der Ex-Präsident von Guatemala, seine Frau und seine Enkelin, Dr. Safaya und Dr. Bhagwat. Swami begann wieder eine ‚Materialisierungsrunde'. Er schuf ein reizendes Paar Ohrringe in Pfauenform für die Schuldirektorin, eine außergewöhnliche Statue der Göttin Lakshmi für Frau Carlos, ein einzigartiges Paar Ohrringe für ihre Enkelin. Diese Ohrringe hatten einen Stern, an dem mittels eines Hakens ein Herz angebracht war. Swami sagte: „Dies ist Swamis Weihnachtsgeschenk für sie. Der Weihnachtsstern wird ihr gegeben." Er erklärte die Bedeutung; das Herz war der Jivi oder die individuelle Seele, der Stern war der Paramatma oder die universelle Seele, der Haken war das Mittel, um immer verbunden zu sein. Die individuelle Seele sollte immer an Gott gebunden sein.

Dann belehrte uns Swami über verschiedene Aspekte des Krankenhauses. Er sagte uns, wie Ärzte mit Patienten umgehen sollten, und andere Dinge. Jedes Wort von Ihm ist voll Göttlicher Weisheit und trägt Seine Botschaft direkt in dein Herz. Dort prägt sie sich ein und beginnt allmählich, deine Einstellung Tag für Tag zu verändern.

Swami erkundigte sich bei mir nach dem Eintritt der Kinder in die Schule. Ich erzählte Ihm, daß wir sie am Tag zuvor dort gelassen hatten. Er wußte von dem Schmerz in meinem Herzen durch die plötzliche Trennung. Er sagte mir, ich solle mich überhaupt nicht sorgen; Baba werde sich um sie kümmern. In meinem Herzen sagte ich Ihm: „Wir haben uns zu Deinen Lotusfüßen begeben; was immer Du auch tust, wir werden es als Deine Gnade annehmen. Wir sind nur durch Deinen Segen so weit gekommen; andernfalls wären wir schon längst in der oberflächlichen und materialistischen Welt verlorengegangen."

Wenn der Herr Seine Gnade ausschütten will, tut Er dies im Überfluß. Eines Tages saß ich auf der Veranda, als Swami mich herbeirief, um sich nach der Eingewöhnung unserer Töchter in das Internatsleben zu erkundigen. Er beruhigte mich noch einmal und gewährte mir *Padnamaskar*. Nach dem *Darshan* sprach Er wieder zu mir, gab mir ein Buch und *Padnamaskar*. Er ging in Seinen Raum und kam zurück, fragte mich nach einigen Details zum Krankenhaus und beschenkte mich nochmals mit *Padnamaskar*. Er kehrte in Sein Zimmer zurück, kam wieder heraus, gab mir ein weiteres Buch und gewährte mir zum viertenmal an diesem Morgen *Padnamaskar*. Wie gesegnet und glücklich sind Seine Devotees.

Swami bat uns, nach Punjab zu fahren, um unsere Angelegenheiten zu regeln, und bald zurückzukehren. Folglich machten Poonam und ich uns am 28. Dezember 1991 auf den Weg nach Punjab. In Abohar angekommen, räumten wir das Haus, das uns von der Regierung zur Verfügung gestellt worden war, und verkauften einen Großteil unseres Hausrats, wie Swami uns angewiesen hatte. Die ganze Reise war sehr hektisch und von vielen Gefühlen begleitet. Wir verabschiedeten uns von dem Ort, der so viele Jahre lang und in so vielerlei Hinsicht das Zentrum unseres Lebens gewesen war. Tatsächlich waren wir ein Teil des Lebens in Abohar geworden. Jeder Ziegel und jeder Stein schien mich zu fragen, warum ich ging, was in Abohar fehlte, daß ich so plötzlich fortging. Abohar war mein „Karma Bhoomi" gewesen, der Ort, der mir die Möglichkeit gegeben hatte, in einer Art und Weise zu arbeiten, die mich letztendlich zu den Göttlichen Lotusfüßen des Herrn brachte. Diese allein würden nun mein ständiger Aufenthaltsort sein. Gute und liebe Freunde versammelten sich am Bahnhof, als wir abfuhren. Jedes Auge war voller Tränen, und ich war natürlich der erste, der zusammenbrach.

Wir kehrten am 7. Januar nach Prashanti zurück. Swami fragte mich: „Wann seid ihr gekommen?" Ich antwortete: „Heute." Er sagte: „Ja, Ich weiß. Du kamst zusammen mit deiner Frau des Lebens (wife-life). Ich sah sie auf der Seite dort drüben sitzen. Es steht dir ins Gesicht geschrieben."

Am nächsten Tag erhielt ich meinen ersten Gehaltsscheck als Göttlichen Segen. Ich bekam auch einige Fotos, die im November aufgenommen worden waren, als Swami die Blutbank besucht hatte. Ich wollte den allerersten Scheck Bhagawan darbringen, war aber etwas unschlüssig. Es gibt so viele Devotees, die Hunderttausende und Millionen zu Seinen Füßen darreichen, und oftmals nimmt Er sie nicht an. Ich fühlte mich wie das kleine Eichhörnchen, das ein paar Staubkörner auf seinem Körper zum Ozean brachte. Es tauchte hinein, hoffte und betete, daß auch dieser Sand von Gott Rama für den Bau der Brücke über das Meer nach Lanka angenommen werden möge. Diese Gebete stiegen aus meinem Herzen auf. Der Scheck befand sich in einem Umschlag in meiner Hemdtasche. Swami rief mich hinein, zog ihn aus meiner Tasche und fragte: „Was ist dies?" Ich antwortete: „Swami, es ist nichts." Er sagte dann: „**Für mich ist nichts alles, und alles ist nichts**." Dann sagte ich: „Swami, dies sind nur ein paar Tropfen Deiner Gnade. Laß sie wieder mit Deinem unermeßlichen Ozean verschmelzen, und laß mich diese Unermeßlichkeit fühlen." Er tätschelte mich und nahm voller Gnade den Umschlag an. Nur dann, wenn ein einzelner Tropfen seine Identität verliert, kann er mit dem unermeßlichen Ozean verschmelzen.

Sowohl Poonam als auch ich erwarteten begierig den offiziellen Beginn ihres Dienstes, aber wir erhielten kein Zeichen von Bhagawan. Ich befragte Ihn deswegen am 13. Januar, und Seine Antwort war: „Ich werde sehen." Am 15. war Makara-

Sankranthi, und wir beide warteten wie auf heißen Kohlen sitzend auf Nachricht. Am Mittag traf ich Colonel Joga Rao Ji, der mir die glückliche Nachricht überbrachte. Swami hatte ihn gebeten, meiner Frau und mir mitzuteilen, daß Poonam an diesem Tag als Swamis Zahnärztin im Allgemeinen Krankenhaus anfangen sollte. Ich brachte Millionen von Grüßen zu Seinen Füßen dar.

Tatsächlich war die Sache etwa folgendermaßen vor sich gegangen. Swami fuhr in Seinem Wagen irgendwohin, als Er anhielt und zu Colonel Joga Rao Ji etwas in bezug auf Sham sagte, der in der Nähe war. Sham wurde nervös und überlegte, was Swami wohl sagte. Dann ging Colonel Joga Rao Ji zu Shams Zimmer, erkundigte sich nach mir und teilte die frohe Nachricht mit. Sowohl Sham als auch Usha waren so glücklich, daß sie zu unserem Zimmer eilten, um es Poonam zu erzählen. Ich erfuhr davon etwas später, als ich zum Mittagessen vom Krankenhaus nach Hause kam.

Am nächsten Tag erkundigte sich Swami nach Poonams Dienstantritt. Er sagte, daß ein neuer Zahnarztstuhl angekommen sei, und ich sollte dabei helfen, ihn zu installieren. Nach dem *Darshan* kam Er zurück und sagte mir, daß Er meine Frau zu einem Interview gerufen hatte. Ich eilte ebenfalls in den Raum. Swami stellte uns beide den anderen dort versammelten Devotees vor. Dann fragte er Poonam, was sie sich wünsche. Sie blieb still im Gebet. Swami bewegte Seine Hand und brachte ein großes Stück von etwas Weißem und Weichem hervor. Er überreichte es ihr und sagte: „Zahnärztin, du hältst andere Menschen davon ab, Süßigkeiten zu essen, hier gibt Swami dir etwas Süßes." Es war ein Zuckerbonbon, das sich langsam erhärtete und durchsichtig wurde. Im inneren Raum segnete Swami uns beide ausgiebig und versprach, sich immer um uns zu kümmern und uns nur hier im Ashram zu behalten. Er nahm ein kleines Foto von Sich aus meiner Hand, schrieb

„Für Nareshee" darauf und wies mich an, es immer bei mir zu tragen. Swami sagte uns wieder, daß wir den Zahnarztstuhl installieren sollten, und dann werde Er persönlich kommen, um ihn einzuweihen.

Swami rief mich zusammen mit Dr. Safaya, Dr. Bhagwat und Dr. Kanetkar herein. Er fragte mich, wieviel Gehalt ich bei meiner vorherigen Stelle bekommen hatte. Das Gehalt, das ich beim SSSIHMS erhielt, war nicht einmal halb so hoch wie mein bisheriges Einkommen, aber ich war nicht des Geldes wegen zu Swami gekommen. Geld war in meinem Leben nie etwas Erstrebenswertes gewesen. Jeder würde Ihnen bestätigen, daß Dr. Bhatia nie von irgendeinem Patienten oder sonst irgend jemandem in dieser Angelegenheit Geld genommen hat. Ich sagte gar nichts. Swami wiederholte Seine Frage. Ich sagte Ihm, daß, was immer ich auch erhalten würde, Sein *Prasad* sein werde und Seinen Segen trage. Swami kannte jedoch meine finanziellen Verpflichtungen, insbesondere die Rückzahlung des Darlehens, das wir für den Bau unseres Bungalows aufgenommen hatten. Bhagawan wies Dr. Safaya an, mein Gehalt auf einen Betrag anzuheben, der höher lag als der, den ich bei meiner vorherigen Stelle erhalten hatte. Swami sagte, Er wisse, daß wir kaum ein Bankguthaben hätten, und das bei den Kosten für die Ausbildung, Heirat und so weiter für zwei Töchter. Ich habe mir um solche Dinge nie Sorgen gemacht. Wenn Swami gegenwärtig ist, brauchen wir nichts anderes.

Am 20. Januar 1992 kam Swami ins Allgemeine Krankenhaus, um den neuen Zahnarztstuhl einzuweihen. Er posierte für Fotos mit Poonam. Dann kam Er in unser Krankenhaus und fragte mich, wo ich gewesen sei, da Er Fotos mit uns beiden machen wollte. Er schalt mich wie eine Mutter; Seine Liebe ist unendlich.

Am 21. Januar fuhr Swami nach Bombay, um dort den fünf-
undzwanzigsten Jahrestag von Dharmakshetra zu feiern. Es
war das erste Mal, daß ich Swami Lebewohl sagen mußte.
Diese Trennung war sehr viel bitterer als diejenigen in der
Vergangenheit. Wie jeder Bewohner von Prashanti bestätigen
kann, erscheint alles leblos, wenn Swami fort ist. Sehnsüchtig
erwarteten wir Seine Rückkehr, bis am 7. Februar das Leben
von neuem begann, als Bhagawan nach Prashanti zurückkam.

Swami besuchte kurz nach Seiner Rückkehr aus Bombay das
Krankenhaus. Ich war zufällig der einzige anwesende Arzt,
und ich empfing Ihn am Tor. Swami trägt selten *Chappals*,
doch an diesem Tag holte Er ein Paar aus Seinem Auto. Sofort
stürzte ich vor, um sie Ihm abzunehmen und auf den Boden zu
legen und Ihm dabei zu helfen, sie anzulegen. Ich fühlte mich
so gesegnet, als ich die *Padukas* berührte. Ich stellte mir vor,
wie Bharata sich gefühlt hatte, als Gott Rama ihm Seine
Padukas gab. Herr, Du weißt, was ich war, als Du Rama
gewesen bist, aber ich weiß seit undenklichen Zeiten nur
eines: ICH LIEBE DICH, ICH LIEBE DICH, ICH LIEBE
DICH.

Einige Tage später rief Swami einen Mann „aus Paris" zu
einem Interview. Nachher erfuhren wir, daß er tatsächlich ein
Graf aus Paris war. Später besuchten er und seine Frau das
Krankenhaus und waren von dessen Großartigkeit richtig beeindruckt. Der Graf zeigte mir dann einen Ring mit dem
Porträt von Jesus Christus darauf, den Swami für ihn materialisiert hatte. Am 14. Februar 1992 erfuhren wir, daß Prinz
Charles, der Thronfolger Englands, zu einem Besuch des Krankenhauses kommen würde, da er begierig war, es zu sehen,
nachdem er so viel darüber gehört hatte. Aus Sicherheitsgrün-
den wurde der Besuch verschoben, aber später erfuhr ich, daß
er einen sehr netten Brief geschrieben hatte, in dem er seinen

aufrichtigen Wunsch äußerte, das Krankenhaus zu besichtigen und Swami zu treffen.

Um die Reihe der prominenten Würdenträger und Staatsoberhäupter fortzusetzen, kamen der Vizepräsident von Indien, Dr. S. D. Sharma, und der Sprecher der Lok Sabha, Shri Shiv Raj Patil, und deren Familien, um Babas Segen zu erhalten und das Krankenhaus zu besuchen. Als sie zur Blutbank kamen, stellte Swami mich vor, indem Er sagte: „Das ist Dr. Bhatia, der Leiter Meiner Blutbank. Er ist aus Punjab. Seine Frau ist Zahnärztin, und Swami hat auch sie im Allgemeinen Krankenhaus eingestellt." In lockerem Tonfall sagte ich: „Sir, Swami hat einen Terroristen aus Punjab aufgelesen. Diese nehmen Blut mit Gewehrkugeln ab, aber ich fülle es in Beutel." Swami amüsierte sich sehr. Ich sagte zu Ihm: „Swami, heute ist der glücklichste Tag für die Demokratie in Indien." Er fragte mich: „Warum?" Ich antwortete: „Swami, da sowohl der Vorsitzende der Rajaya Sabha als auch der Sprecher der Lok Sabha hier zu Deinen Göttlichen Lotusfüßen Deinen Segen suchen, ist die ganze Nation repräsentiert und erhält Deine Gnade." Swami lächelte mir sehr lieb zu.

Fast jeden Tag fragte Swami entweder Poonam oder mich, wie es uns und unseren Kindern gehe, wie wir mit unserer jeweiligen Arbeit zurechtkämen. Wie fürsorgliche und hingebungsvolle Eltern achtete Er auf alle unsere Bedürfnisse und Wünsche. Eines Tages kam Swami und verteilte Taschenrechner an Dr. Safaya, Dr. Bhatt und Dr. Bhagwat. Er gab mir ebenfalls einen und sagte: „Nimm ihn für die Blutbank. Berechne die Anzahl der Flaschen." Noch lange danach fühlte ich Seine Liebe und Zuneigung.

Am 27. Februar war Rachitas Geburtstag. Zum erstenmal war sie nicht zu Hause, sondern im Internat. Natürlich vermißten wir sie, aber gleichzeitig waren wir glücklich, daß sie sich in

Swamis Obhut befand. Ich rief mir alles über Rachita ins Gedächtnis zurück – von der Zeit, in der sie im Leib ihrer Mutter heranwuchs, bis zu ihrer Geburt und all den anderen wunderbaren Erinnerungen danach. Wirklich, sie war diejenige, die uns im Jahre 1981 zuerst zu Swami gebracht hatte. Am Donnerstag und am Sonntag werden die Schulkinder zum *Darshan* gebracht. Da ihr Geburtstag auf einen Donnerstag fiel, war sie da und durfte in der ersten Reihe sitzen. Swami nahm eine Rose von ihr entgegen, gab ihr damit Seinen Segen und vermittelte ihr, daß Er sie als Person annahm. Ich betete zu Bhagawan, Er möge dieses süße Mädchen segnen, das Er in unsere Familie gesandt hatte, um seine Freude über alle zu verbreiten.

Am Morgen nach Maha Shivaratri beaufsichtigte Swami die Verteilung von *Prasad* an all die 40.000 Menschen, die im Poornachandra Auditorium versammelt waren. Er sah mich und forderte mich liebevoll auf, zu essen. Die Göttliche Mutter achtet immer auf ihre kleinen Kinder. Einmal sagte Swami während des *Darshan* zu meiner Frau: „Zahnärztin, wenn du mal nichts anderes zu tun hast, ziehe deinem Ehemann die Zähne." Eine der Technikerinnen aus meiner Abteilung saß neben ihr, und Swami sagte zu Poonam, sie solle diesem Mädchen ebenfalls die Zähne ziehen. Der Herr übermittelt Seine Liebe und Energie durch diese kleinen Unterhaltungen.

Am 6. März 1992 wollte Swami Puttaparthi verlassen, um nach Whitefield zu fahren. Wir waren alle von tiefer Traurigkeit über die bevorstehende Trennung erfüllt. Als Sein Wagen am Krankenhaus vorbeifuhr, winkte Swami uns allen zu. Er sah mich dort mit Augen voller Tränen stehen, streckte Seine Hand aus dem Fenster, nahm meine Hand in die Seine und gab mir so zu verstehen, daß Er mich immer festhalten werde, auch wenn Er nicht physisch anwesend sei. Ich verneigte mich in Ehrerbietung und küßte diese Hand.

Am 26. dieses Monats entschied ich mich, nach Whitefield zu fahren, um den *Darshan* unseres Herrn zu erhalten. Swami rief mich zu sich und gab mir so viel Liebe. Ich erzählte Ihm, daß dies mein erster Besuch in Whitefield sei, und wie ein richtiger Gastgeber zeigte Er mir alles in Trayee Brindavan, Seinem Aufenthaltsort. Er fragte mich nach meiner Familie und versicherte mir nochmals, daß Er einen Platz am Bangalore Medical College für Shweta reserviert habe. Am Abend rief mich Swami und fragte: „Bhatia, hast du meinen neuen Wagen gesehen?" Ich antwortete: „Nein, Swami." Wie ein verspieltes Kind zeigte Er mir alles in Seinem glänzenden neuen Jaguar – Fernseher, Telefon, Kühlschrank und viele andere Extras. Ich war sehr aufgeregt, so nahe bei Swami zu sein, und Er genoß es offensichtlich. Dann brachte Er einen riesigen Sack mit Äpfeln und Süßigkeiten für uns. Es war wirklich ein höchst bemerkenswerter Tag.

Einige Tage später fuhr unsere Familie wieder nach Whitefield. Ich hatte ein Lager zum Blutspenden eingerichtet, und zweiundsechzig Spender verschenkten an diesem Tag flüssige Liebe. Meine Tochter Shweta litt seit ihrem siebten Lebensjahr an Leukoderma, einer Störung der Pigmentierung der Haut. Swami sagte ihr, sie solle zweimal täglich Vitamine des B-Komplexes einnehmen, um ihren Zustand zu lindern. Er teilte mir mit, ich solle nicht zurückfahren, sondern in Whitefield übernachten. Auf der einen Seite rief mich die Pflicht, auf der anderen befahl mir die Göttlichkeit. Swami ging nach oben und sah mich vom Balkon aus. Er rief: „Bhatia." Ich eilte hinauf zu Ihm, und Er sagte mir wieder, ich solle in Whitefield bleiben. Betend sagte ich: „Swami, ich muß gehen, denn das Blut, das ich gesammelt habe, muß heute abend für die morgigen Operationen im Krankenhaus bereitstehen." Swami überredete mich liebevoll: „Geh nicht. Bleibe. Fahre morgen früh um fünf Uhr." Der Allwissende wußte alles, was ich nicht wußte, aber ich bestand auf meinem Vorhaben. Ich verteidigte meinen Standpunkt, und widerstrebend gab Er mir die Erlaubnis zu fahren. Wir erreichten das Krankenhaus um 23:30 Uhr, und ich erfuhr, daß alle Operationen für den kommenden Tag verschoben worden waren, da beim ersten Patienten an diesem Tag Komplikationen aufgetreten waren und die Ärzte den ganzen Tag nur mit ihm beschäftigt waren. Die Blutkonserven für die anderen Fälle waren schon bereitgestellt worden, so daß ich in Whitefield hätte übernachten können. Swami hatte ein Göttliches *Leela* mit mir gespielt.

Als Swami aus Kodaikanal zurückkehrte, fuhr ich nach Whitefield, um *Darshan* zu erhalten. Am Abend rief Swami die anwesenden Angestellten des Krankenhauses zu einem Interview. Drinnen verheiratete Er Dr. T. Nandapal, Professor für Radiologie in Hyderabad. Swami materialisierte einen Diamantring, den die Ehefrau ihrem Mann an den Finger stecken sollte, und eine goldene Halskette, die der Ehemann seiner Frau um den Hals legen sollte. Er schuf auch ein goldenes *Mangal Sutra* für sie. Nachdem Er beide gesegnet hatte, sagte Swami: „Siehst du, Bhatia, Swami muß auch den Priester spielen." Swami segnete sie und gab ihnen Hochzeitsgeschenke. Er sagte, daß ihre Mutter seit fünfzig Jahren Swamis Devotee sei.

An einem anderen Tag begleitete uns meine Schwester Meenakshi nach Whitefield, da ihre Kinder in die achte und zehnte Klasse von Swamis Schule aufgenommen werden wollten. Innerhalb einer Woche erhielten wir die freudige Nachricht, daß beide, ihr Sohn und ihre Tochter, die Zulassung erhalten hatten, nachdem sie die Aufnahmeprüfung bestanden hatten.

Am 6. Juni 1992 erfuhren wir, daß Swami nach Prashanti Nilayam zurückkehren würde. All die qualvollen Gebete und klopfenden Herzen mußten Ihn dazu bewegt haben, zu uns zu kommen. Unsere Gesichter strahlen an diesem Tag ganz anders. Die Erwartung und die Vorfreude auf die Ankunft unseres Herrn ließen sich nicht verbergen. Als Sein Wagen an uns vorbeifuhr, erschien es mir, als hätte mein Herz für ein paar Sekunden aufgehört zu schlagen. Das Verlangen, Swami zu sehen, verwandelte sich allmählich in ein Gefühl der Ruhe.

Am nächsten Morgen saß ich nach dem *Darshan* noch weiter auf der Veranda. Swami kam, nachdem Er Interviews gegeben hatte, heraus und sagte: „Hier sitzt du? Keine Arbeit im Krankenhaus?" Demütig antwortete ich, daß der Bus erst um 8:30 Uhr fahre und ich so die Gelegenheit hätte, meinen Herrn noch einmal kurz zu sehen. Er tätschelte mich liebevoll und sagte: „Acht-Uhr-dreißig, Acht-Uhr-dreißig, Acht-Uhr-dreißig." Er gewährte mir sehr liebevoll *Padnamaskar* und sagte mir, daß Er zu uns sprechen werde.

Am Abend sagte mir Swami, ich solle meine Frau rufen. Ich stand auf der Veranda, sah hinüber zur Frauenseite und suchte die Menge ab. Einige Sekunden lang konnte ich sie nicht finden. Dann sah sie mich und eilte herüber. Im inneren Raum sicherte Swami uns nochmals die Aufnahme Shwetas im Bangalore Medical College und ihre Unterkunft im Ashram zu. Swami schimpfte mit mir, weil ich grob zu meiner Frau gewesen war, und sagte, ich solle meinen Zorn abschütteln. Poonam sagte Ihm, daß ich ihn allmählich ablege. Swami nahm Sein Taschentuch in die Hand, warf es weg und sagte: „Alle schlechten Angewohnheiten sollten auf einen Schlag abgelegt werden, und gute Angewohnheiten sollten langsam erworben und entwickelt werden." Ich erzählte Swami von der Aufnahme meiner Nichte und meines Neffen in Swamis Schule. Er sagte: „Wer nahm sie auf? Ich tat es. Sie kamen letztes Jahr, und im Interviewraum sagte Swami ihnen, sie sollten sich bewerben und sie würden aufgenommen werden. Dann batet ihr mich in Whitefield um dasselbe. Nicht wahr? Ich weiß, Ich weiß. Ich erinnere mich." Ich sagte: „Ja, Swami. Es ist alles genauso geschehen, wie Du gesagt hast."

Swami schimpfte mit mir und fragte mich, warum ich Ihn so sehr preise. Ich hätte während meines Urlaubs im Punjab zuviel über Ihn geredet. Ich sei nach Anantapur gefahren und hätte Vorträge gehalten. Swami sagte, Er brauche keine Reklame. Ich sagte Ihm, daß ich als Sein demütiger Diener niemals zuviel spräche. Der begrenzte Verstand kann niemals angemessen über das Unbegrenzte, das Grenzenlose sprechen. Ich versuche nur, die Göttlichkeit Swamis zu preisen und meine Erlebnisse wahrheitsgemäß zu erzählen.

Wir erfuhren, daß Swami am nächsten Tag wieder nach Whitefield fahren würde, und dies erfüllte unsere Herzen mit Trauer. Bevor Er abfuhr, rief Er mich zusammen mit dem Vizekanzler und Archivar der Universität zu sich und wies mich an, jeden Abend für eine Stunde ins Jungeninternat zu gehen, um mich um eventuell erkrankte Jungen zu kümmern. Liebevoll segnete Er uns und fuhr ab.

Swami kehrte am 2. Juli 1992 wieder zu uns zurück. Am 7. Juli rief mich Swami auf die Veranda und sprach etwa zwanzig bis fünfundzwanzig Minuten lang mit mir über Angelegenheiten des Krankenhauses. Er sagte, ich sei ein hundertprozentiger Lügner und Betrüger, da ich Ihm niemals etwas darüber erzählen würde, was im Krankenhaus geschehe. Ich sagte: „Bhagawan, was kann ich Dir erzählen, wenn Du alles weißt, und wie kann mein kleines Urteilsvermögen vor Deiner Göttlichen Urteilskraft bestehen? Ich habe kein Recht, über die Handlungen anderer zu urteilen. Ich kann nur meine eigenen beobachten." Swami gebot mir liebevoll Einhalt und gab mir das Beispiel von Gott Rama, der Samantha beauftragte, Informationen zu liefern. Es war nur Samanthas Bericht, der zu Sitas Exil führte. Währenddessen gewährte mir Swami viermal *Pad-*

namaskar. Ich betete nur zu Ihm: Herr, laß die Saat Deiner Göttlichen Liebe in meinem Herzen eines Tages zu einer wunderschönen Rose der Liebe erblühen.

Der 8. Juli war unser Hochzeitstag. Swami kam zu mir und sagte: „Heute ist dein Geburtstag." Ich sagte nichts. Er änderte Seine Meinung: „Nein, heute ist dein Hochzeitstag. Wie viele Jahre?" Ich antwortete: „Achtzehn Jahre, Swami." Er lachte und fragte: „Achtzehn Jahre? Du siehst nicht aus wie ein achtzehnjähriger, verheirateter Mann." Bhagawan, alles ist Deine Gnade. Siehst Du aus, als seist Du 67 Jahre alt? Baba fuhr fort: „Wie viele Kinder?" „Swami, zwei Töchter." Er sagte: „Nein, achtzehn Töchter." Er lächelte und gewährte mir *Padnamaskar*, bevor er ging. Nach dem *Darshan* gab Swami mir ein Zeichen, ich solle meine Frau zum Interview rufen. Im inneren Raum bemerkte Swami plötzlich: „Ayio! Ich habe das Geschenk vergessen!" Er ging hinaus, und wir konnten hören, wie Er einen Stahlschrank öffnete. Er kam mit einem zauberhaften Sari in Blau (meiner Lieblingsfarbe) für Poonam zurück. Während Er ihn ihr reichte, sagte Er: „Reine Kanjivaram Seide. Kostet 3.000 Rupien." Und Er zeigte uns das Preisschild.

Swami fragte uns, wie lange wir verheiratet wären. Ich sagte Ihm, achtzehn Jahre. „Was ist die Bedeutung der Zahl achtzehn?" fragte Er. Ich antwortete: „Swami, acht plus eins ist neun, die Göttliche Zahl. Die *Gita* hat achtzehn Kapitel, die Schlacht von Mahabharata dauerte achtzehn Tage; in ihr wurden achtzehn *Kshoni* Heere getötet." Er fragte: „Was noch?" Ich sagte: „Swami, wir haben achtzehn *Puranas*." „Was noch?" fragte Er. Dann erklärte mein Krishna Selbst: „Krishna hatte achtzehn Streitwagen." Dann sagte Er, Poonam und ich sollten unsere Köpfe zusammen auf Seine Lotusfüße legen, und Er segnete uns beide. Als ich zu Ihm aufsah, waren meine Augen voller Tränen. Swami fragte: „Warum weinst du?" Ich antwortete: „Swami, es sind Tränen der Liebe für Dich." Er sagte: „Ja, Ich weiß, du LIEBST mich. Ich LIEBE dich auch."

Ich bat Bhagawan, mir an diesem Tag drei Versprechen zu geben. Baba sagte: „Ja, welche?" Ich begann: „Swami, als erstes laß diese LIEBE bis in alle Ewigkeit zwischen Dir und mir fließen. Sollte sie auch nur für den Bruchteil einer Sekunde aufhören, dann laß dies meinen letzten Augenblick sein." Swami stimmte zu und fragte nach dem zweiten Wunsch. Ich sagte: „Bhagawan, ich kann ohne Dich nirgendwo mehr leben. Bitte laß mich immer, immer, immer nur hier zu Deinen Göttlichen Lotusfüßen sein." Swami gab mir auch dieses zweite Versprechen. Schließlich sagte Er: „Was ist das dritte?" In tiefster Demut und Hingabe bat ich: „Swami, bitte empfange mich persönlich am Ende meiner Reise." Mein geliebter Herr legte Seine Hand in meine kleine Hand und sprach: „Versprochen, ich werde es tun. Ich werde dich am Ende persönlich empfangen. Sorge dich nicht. Weine nicht."

Dann sagte Swami zu mir: „Ich weiß, daß du heute traurig bist." Ich sagte: „Nein, Swami." Er wiederholte Seinen Satz und fügte hinzu: „Ja, es ist ein glücklicher Tag für deine Familie. Heute hätten eure Töchter auch hier bei euch sein sollen. Nicht wahr? Warum hast du mir gestern nichts gesagt? Ich hätte sie auch zum Interview gerufen. Sorge dich nicht. Morgen werde ich wieder rufen. Sei glücklich. Sei bereit für morgen." Dann gingen wir hinaus. Nachdem Er uns im äußeren Interviewraum allen vorgestellt hatte, erlaubte Swami uns, ein Foto mit Ihm zusammen aufzunehmen. Wahrhaftig, dies sind kostbare Momente, die wir immer in Ehren halten werden.

Bevor das Interview zu Ende war, ließ Swami mich und meine Frau aufstehen, und Er verkündete: „Mein Blutbankarzt, meine Zahnärztin. Es ist ihr Hochzeitstag heute. Swami wird ihn

194

feiern." Er ließ Seine Hand kreisen und brachte *Burfi* hervor, eine Süßigkeit, die aus Milch hergestellt wird. Er verteilte das *Burfi* an alle Anwesenden; es muß mehr als ein Kilogramm *Burfi* aus der Göttlichen Hand geflossen sein! Als wir den Interviewraum verließen, sagte Swami: „Seid bereit für morgen."

Während der abendlichen Bhajans kam Swami aus dem *Mandir* und rief mich: „Bhatia." Ich eilte zu Ihm. Er flüsterte sehr sanft in mein Ohr: „Bhatia, nicht morgen. Ich habe M.B.A.-Studenten gerufen." Ich sagte: „O.K., Swami." Er antwortete: „Nein. Während der Bhajans machte Swami sich Sorgen, daß du auf morgen wartest." Wie liebevoll und aufmerksam waren diese Worte. Swami, bitte sorge Dich nicht um dieses Kind von Dir. *Deine Liebe reicht aus, um mich in meinem Leben zu stärken. Dein Wunsch ist mir Befehl.* Swami fuhr fort: „Sorge dich nicht, Sonntag werde ich dich rufen."

Der Sonntag kam, aber ich war zögerlich. Ein lieber, netter Junge namens Dilip, der sich um Swamis persönliches Zimmer kümmert, sagte zu mir: „Sir, heute ist Sonntag." Ich sagte zu ihm: „Ich weiß, Dilip. Aber nur Swami weiß, welchen Sonntag Er meint." So oft gibt Swami ein Datum oder eine Uhrzeit an, und doch geschieht nicht sogleich etwas. Seine Wege können nur als Göttlich bezeichnet werden. Aber Swami rief unsere ganze Familie zu einem Interview. Nachdem Er Poonam gefragt hatte, was sie möchte, ließ Er Seine Hand kreisen und materialisierte einen Diamantring für sie. Er zeigte ihn uns allen und fragte sie dann: „Willst du einen Diamantring oder einen *Navratna*, wie dein Ehemann ihn bekam?" Er verwandelte den Diamantring nun in genau den gleichen, den ich im November 1991 erhalten hatte. Während Er ihn an ihren Finger steckte, sagte Swami: „Jetzt werdet ihr nicht streiten. Beide haben ähnliche Ringe bekommen." Poonam war wirklich überwältigt. Im inneren Interviewraum wiederholte Swami

Sein Versprechen, aus Shweta eine Ärztin zu machen. Er sagte ihr, sie solle Fachärztin für Kinder werden. Swami, es ist nur Deine Gnade, die etwas aus ihr macht, was es auch sei.

Eines Tages verteilte Swami Taschentücher, die mit einem „S" bestickt waren. Als Er zu mir kam, fragte Er mich: „Wie heißt du?" Ich erwiderte: „Naresh, Swami." Er schaute in Seinen Korb: „Kein Tüchlein mit ‚N'." Ein anderes Mal saß ich neben Herrn Oberoi, der sich um den Flughafen kümmert. Es war sein Geburtstag. Swami stand vor ihm und sagte: „Du hältst deine Ehefrau in der Tasche." Herr Oberoi war verdutzt. Swami wandte sich an mich und fragte: „Ist es nicht so? Er hält seine Frau in seiner Tasche." Lachend, wie ein kleines Kind mit einem Geheimnis, ging Er weiter. Er liebt es, mit Seinen Devotees zu spielen!

Der Geburtstag meiner Frau näherte sich, und ich wartete auf eine Gelegenheit, es Swami zu erzählen. Er kam in meine Nähe, und ich stand auf. „Swami, morgen ist der Geburtstag meiner Frau." Swami tat so, als ob Er mich nicht verstanden hätte: „Was?" Ich wiederholte: „Swami, der Geburtstag meiner Ehefrau." Er lächelte und sagte: „Warum sorgst du dich so, wenn es ihr Geburtstag ist?" Er gewährte mir *Padnamaskar* und ging weiter. Am nächsten Tag, ihrem Geburtstag, rief Swami Poonam aus der *Darshan*-Reihe und sagte: „Gestern war dein Geburtstag", segnete sie mit *Padnamaskar* und materialisierte Vibhuti.

Einmal kamen Verwandte meiner Frau im Zusammenhang mit der Aufnahme einer ihrer Töchter in ein College in Bangalore zu uns. Ich sagte zu Swami: „Verwandte meiner Frau sind gekommen." Swami sah mich an und sagte: „Eine Ehe reicht nicht aus. Du willst noch eine." Ich war perplex über diese Aussage und dachte noch lange darüber nach. Nur Er kennt Seine geheimnisvollen Wege. Er blieb etwa fünfzehn Minuten lang vor mir stehen, und ich erhielt das Privileg, *Pad Seva* zu machen, das Drücken der Lotusfüße. Swami segnete mich ausgiebig, und bevor Er weiterging, sagte Er: „Om Shanti, Shanti, Shanti."

Bhagawan unterzog mich dann einer Prüfung. Nachdem ich so viel LIEBE von Ihm erhalten hatte, bekam ich auch die Bitterkeit Seines Schweigens zu spüren. Tage vergingen ohne auch nur einen Blick von Ihm. Der Schmerz in meinem Herzen offenbarte sich in meinen Augen. Die Tränen liefen in Strömen, aber mein Herr blieb ungerührt. Während ich beim *Darshan* saß, flossen Gedichte aus mir heraus. Das Kind schrie nach seinem Anteil Nahrung von der Mutter.

An Janamashtami, während die Studenten ihr bezauberndes Musikprogramm präsentierten, versank ich völlig in meinem Krishna. Ich erinnerte mich an die Tage, als Er zu mir kam und mich liebte – Seine *Gopika*, Seine Radha. Ich sehnte mich in diese glückselige Zeit zurück. Ich notierte all diese Gefühle, als ich bemerkte, daß mein geliebter Krishna tatsächlich vor mir stand. Seine Augen bohrten sich in meine Seele. Ich war ganz gefesselt davon, in DIESE AUGEN zu blicken, die alles sahen und offenbarten. Obwohl ich die Liebe spüren konnte, die aus Ihm strömte, sprach Er doch kein Wort.

Meine Schwester und ihr Mann waren aus Hyderabad gekommen, und Swami rief mich, um sich nach ihnen zu erkundigen. Das Schweigen war endlich gebrochen! Er sagte mir, ich solle meinen Neffen und meine Töchter am nächsten Tag, dem 1. September 1992, rufen. Mit vor Erwartung klopfenden Herzen saßen wir am nächsten Tag alle beim *Darshan*. Swami bedeutete meinem Neffen, er solle seine Schwester und seine Eltern rufen. Unsere Familie wurde nicht gerufen. Schweren Herzens sahen wir zu, wie sie den Interviewraum betraten. Unsere

Töchter brachen in Tränen aus, weil wir nicht gerufen wurden. Drinnen segnete Swami meine Schwester, indem Er ein Shiva *Lingam* für sie und einen Ring für ihren Sohn materialisierte.

In der darauffolgenden Woche kam mein älterer Bruder, und Swami forderte mich auf: „Rufe deinen Bruder." Dann sagte Er, ich solle Udit, unseren Neffen, rufen. Wir drei waren dabei, hineinzugehen, als Swami mich anwies, mich draußen zu setzen. Ich war überrascht, aber da ich keine Wahl hatte, nahm ich draußen Platz. Etwas später kam Swami heraus und rief mich: „Wo ist der andere Neffe?" Verwirrt antwortete ich: „Swami, es ist nur ein Neffe." Er sagte: „Nein, ich sah den anderen Neffen in der Halle sitzen." Swami ging in den *Mandir* und rief Pankaj, den Neffen von Shams Frau Usha. Swami fragte mich: „Ist er nicht dein Neffe?" Ich antwortete: „Swami, Shams." Dann fragte Swami mich: „Nein, seine Mutter ist deine Schwester, oder nicht?" Ich dachte bei mir, warum soll der Junge die Chance auf ein Interview verlieren, und so antwortete ich: „Ja." Swami führte uns beide in Richtung Seines Zimmers und sagte mir dann, ich solle zurückgehen und mich setzen. Still gehorchte ich und setzte mich betend nieder. Drinnen erhielt Basant *Bhayya* Swamis Gewand, und Pankaj bekam einen wunderschönen Ring mit Krishna als Baby darauf. Swami segnete drei meiner Fotos, und so erhielt ich auf diesem Weg ebenfalls Seinen Segen.

Ich fuhr fort, zu meinem Herrn zu beten, um Sein Herz zu erweichen. Er hörte sogar auf, das Krankenhaus zu besuchen, und so endeten auch diese wunderbaren Erlebnisse. Innerlich erforschte ich mein Herz, konnte aber nur Liebe für Bhagawan entdecken, die in alle Richtungen strömte. Ich konnte nur warten, wie die Dinge sich entwickelten.

Am 27. September 1992 hatte ich einen Traum, in dem Swami kam und an meine Tür klopfte. Ich sagte laut: „Ich komme,

Swami", und beim Erwachen sprang ich aus dem Bett, um die Tür zu öffnen. Es war ein Uhr nachts, und wen fand ich an meiner Tür – meine Schwester Meenakshi und ihren Ehemann. Sie brachten ein wunderschönes Bild von Swami, das Er zu einem früheren Zeitpunkt gesegnet hatte. Sie hatten das Bild rahmen lassen und schenkten es mir zu meinem Geburtstag. Bevor ich eingeschlafen war, hatte ich zu Swami gebetet, ich möge Sein Antlitz erblicken, sobald ich am Morgen erwachte. Meine Schwester und ihr Mann sollten um sechs Uhr morgens mit dem Bus ankommen, aber sie hatten sich entschieden, mit einem Taxi in der Nacht zu fahren, um früher anzukommen. Nach zweiundzwanzig Jahren feierten meine Zwillingsschwester und ich UNSEREN Geburtstag gemeinsam, und es war besonders glückbringend, es zu den Göttlichen Füßen unseres Herrn zu tun. Swami rief uns an diesem Morgen alle zum Interview und segnete uns so reich. Alle unsere Kinder waren ebenfalls dabei, und Swami gewährte uns gnädig viele Fotos mit Ihm und unseren Familien. Sie werden uns bleibende Erinnerungen an das Göttliche sein.

Die Monate vergingen in der Glückseligkeit der Göttlichen Gegenwart. Am 3. März 1993 kam Swami zu mir auf die Veranda und fragte: „Kommst du?" Ich fragte Ihn: „Wohin, Swami?" Er antwortete: „Ins College Auditorium." Ich fragte weiter: „Wann, Swami?" Er antwortete: „Morgen früh um 7:30 Uhr." Er lud uns ein, der Verabschiedung von Professor S. Sampath als Vizekanzler und der Begrüßung seines Nachfolgers Professor Hanumanthappa beizuwohnen.

Sowohl Professor Sampath als auch der Archivar des Institutes, Herr Chakravarthi, sind sehr edle Menschen. Ich hatte das Privileg, mit beiden im Rahmen meiner Tätigkeit im Jungen-Wohnheim zusammenzuarbeiten. Sie haben immer als Beispiele für die Ideale von Swamis Erziehungszielen gedient.

Ich bewundere sie und ihre Ehefrauen sehr, denn sie haben alles Swamis Lotusfüßen gewidmet.

Die Feier am nächsten Tag war sehr bewegend. Professor Sampath war ein Mensch voll tiefer Demut und Liebe. Swami schenkte ihm voller Gnade zwei goldene *Kangans* und *Angavastram* und seiner Frau einen schönen Sari. Nachdem er mit der Verantwortung für die Ausübung des Vizekanzleramtes betraut worden war, trat Professor Hanumanthappa seinen Dienst an.

Einige Tage später kam Swami auf die Veranda und verteilte Taschenrechner an die in Seinem Krankenhaus tätigen Ärzte. Ich erhielt keinen, und einige der anderen Ärzte sprachen mich daraufhin an. Ich sagte, daß mir das wirklich nichts ausmache, da Swami Seinen Plan am besten kenne. Am nächsten Tag verteilte Swami wiederum Taschenrechner, und diesmal erhielt ich drei Stück. Wenn man Geduld hat, gewährt Er alles im Überfluß.

Am 7. März 1993 kamen meine Schwester und ihre Familie nach Prashanti Nilayam. Swami rief sie am 7. und 8. März zum Interview. Er gab ihnen Seine Gewänder, meinem Schwager eine Uhr, meinem Neffen eine Uhr und meiner Schwester einen Diamantring. Wir alle fühlten uns so glücklich, daß Swami ihnen Seine Gnade schenkte.

Am 8. März rief mich Joga Rao Ji in das Büro des Direktors, und dort wurde mir mitgeteilt, daß ich mich in Abwesenheit von Dr. Safaya um die Verwaltung des Krankenhauses kümmern sollte. Mit aller Demut und Hingabe betete ich zu Swami, Er möge mich bei dieser Aufgabe führen. An diesem Abend kam Swami zu mir und fragte mich: „Wie geht es deinem Schwager?" Ich antwortete: „Swami, er muß glücklich sein." Er fragte mich: „Hast du ihn getroffen und alles gesehen, was ich ihm gegeben habe?" Ich sagte: „Nein, Swami." Er rief aus:

„Warum? Swami hat ihnen so viele Dinge gegeben." Ich sagte: „Swami, ich habe ihn nur eine Minute gesehen, bevor ich ins Krankenhaus ging, und komme gerade erst von dort zurück." Swami segnete mich ausgiebig und ging weiter. Nach ein paar Minuten kehrte Er zurück und fragte mich: „Wie geht es dem Krankenhaus, Sir?" Ich erwiderte: „Bhagawan, die Verantwortung, die Du mir aus Gnade übertragen hast, ist zu groß für eine so kleine Person wie mich. Swami, bitte kümmere Dich um mich. Du mußt die Arbeit vollbringen. Ich bitte Dich um Deinen Segen." Er gab mir Seinen Segen – einen heftigen Schlag auf den Rücken und *Padnamaskar*.

Als ich am 9. März 1993 beim Morgen-*Darshan* saß, fühlte ich einen tiefen Frieden in mir. Swami deutete auf mich und rief uns zu einem Interview. Im inneren Raum versicherte uns Swami wieder, daß Shweta im Medical College aufgenommen würde. Dann wandte Er sich an mich und sagte: „Bhatia, Dr. Safaya ist beurlaubt, und Dr. Alreja wird auch gehen. Du mußt der amtierende stellvertretende Direktor für das Krankenhaus für Spezialgebiete und für das Allgemeine Krankenhaus sein." Ich sagte: „Swami, es gibt so viele ältere Ärzte. Bitte übertrage ihnen diese Verantwortung. Sie sind viel besser." Swami sah tief in mich hinein und sagte: „Ich habe Vertrauen in dich." Als ich diese Worte aus dem Göttlichen Munde vernahm, warf ich mich Ihm zu Füßen und stieß hervor: „Swami, bitte gib mir die Kraft, diese Aufgabe zu erfüllen, denn ohne Dich kann ich nicht einmal atmen." Swami nahm liebevoll meine Hand in die Seine und sagte: „Ich werde mit dir, in dir, um dich herum sein. Sorge dich nicht. Ich werde mich um alles kümmern."

Dann fragte Swami meine jüngere Tochter: „Wo ist dein Bruder?" Sie war verwirrt. Er wiederholte die Frage drei- oder viermal. Er sah mich mit einem schelmischen Lächeln an und sagte: „Dein Vater weiß es. Er will einen Sohn. Ich werde ihn ihm geben." Shweta schüttelte widerstrebend den Kopf, und

Swami sagte zu ihr: „Du bleibst still." Dann fragte Er Rachita wieder: „Wo ist dein Bruder? Wie ist sein Name?" Rachita antwortete: „Udit." Swami sagte: „Nein, nicht Udit. Er ist der Sohn deines Onkels. Ich frage nach deinem eigenen, richtigen Bruder, von diesem Vater." Nur Swami kennt Seine geheimnisvollen Wege.

Swami schimpfte mit mir, daß ich nicht genug schliefe. Er sagte, daß ich manchmal sogar schon um 2:30 Uhr in der Nacht aufwache. Swami sagte mir, ich solle mehr schlafen und daß richtiger Schlaf wichtig sei. Während der ganzen Zeit hielt Swami meine Hand in der Seinen und streichelte sie. Meine Sai Ma ist immer voller Gnade. Dann, nachdem wir Bhagawans Segen erhalten hatten, gingen wir in den äußeren Raum. Dort sah Er Shweta an und materialisierte eine goldene Citizen Armbanduhr. Er legte sie Selbst um ihr Handgelenk und erklärte sie zu Seiner Ärztin. Swami sah mich an und sagte: „He, wie du mich ansiehst. Willst du mich aufessen? Komm, iß. Iß mich." Ich fiel nieder zu Swamis Lotusfüßen und wusch sie mit meinen Tränen.

Baba läßt diese Asche (**Vibhuti**) *von Seiner Handfläche, Seiner Stirn, Seinen Füßen und Seinen Bildern regnen. Für Seine Devotees ist dieses Geschenk der Asche die Buße für alle physischen, geistigen und intellektuellen Krankheiten. Baba ist wahrhaftig* **Maheswara.**

„Sathya Sai"

18. FESTLICHKEITEN IN PRASHANTI NILAYAM

Obwohl jeder Tag in der Gegenwart des Göttlichen ein Festtag ist, gibt es doch einige besondere Tage und Daten, die als Feiertage herausgehoben sind. Indien ist ein Land, das reich an Tradition und kulturellem Erbe ist. Jeder Bundesstaat hat seine eigene, einzigartige Kultur, die er zusätzlich zu derjenigen pflegt, die von der ganzen Nation entwickelt wurde. Da der *Avatar* in Südindien Gestalt angenommen hat, feiert Er natürlich die Festtage Seiner Geburtsregion. Aber Bhagawan beschränkt sich nicht nur auf Telugu-Feiertage oder auch nur auf indische Feiertage. Er ist der Vater der ganzen Menschheit.

Da ich das große Glück habe, seit November 1991 zu den Göttlichen Lotusfüßen zu leben, kann ich das volle Kalenderjahr der Feierlichkeiten in Prashanti Nilayam erleben. Sie erinnern uns an die Einheit aller Religionen und die wahrhaft weltgeistliche Kultur des Göttlichen Aufenthaltsorts. Ich dachte mir, daß es die Leser interessieren könnte, etwas über die verschiedenen Anlässe zu erfahren, die hier gefeiert werden.

Swami setzt das neue Jahr nach dem Gregorianischen Kalender am 1. Januar fest, indem Er den Menschen auf der ganzen Welt Seinen Segen zukommen läßt. Der Neujahrstag ist immer eine glückliche Zeit, unabhängig davon, wann man Neujahr feiert, und Bhagawan läßt uns an diesem Tag die Gnade des Göttlichen *Amritha* zuteil werden – Seines Vortrags an uns alle. Kurz darauf, am 11. Januar, findet die alljährliche Sport- und Kulturbegegnung statt. Die Studenten von Swamis Colleges und Schulen – dem Sri Sathya Sai Institute of Higher

Learning – führen atemberaubende Kunststücke sowie anspruchsvolle Tänze, Lieder und Theaterstücke vor. Bei jedem Fest füllen diese hingebungsvollen Studenten unsere Herzen mit Freude, indem sie ein phantastisches Musikprogramm in der Gegenwart des Göttlichen aufführen.

Makara Sankranthi/Pongal fällt ebenfalls in den Monat Januar. Es wird anläßlich der Einbringung der Ernte im Süden Indiens gefeiert. Die Ernte findet während dieser Zeit statt, und die Menschen dieser Gegend bringen dem Allmächtigen Herrn ihren Dank für Seine Gaben dar. Swami hält einen Göttlichen Vortrag, damit alle sich daran erfreuen und ihn in sich aufnehmen können.

Maha Shivaratri findet normalerweise im Februar oder im März statt. Dies ist die Nacht, in der jeder wach bleiben sollte, um über das Höhere Selbst nachzudenken. In der Vergangenheit vollzog Swami Vibhuti *Abhishek*, ein Vibhuti-Bad für eine silberne Statue von Shirdi Sai. Aus einem leeren Gefäß ließ Swami das Vibhuti über die Statue rieseln. Er brachte gewöhnlich auch ein Shiva *Lingam* hervor, das in Swamis Körper erschaffen wurde und diesen durch Seinen Mund verließ, wobei es Ihm große Schmerzen verursachte. Das *Lingam* repräsentiert das gesamte Universum, und seine Manifestation symbolisiert die Geburt des Kosmos aus dem Göttlichen Schoß. Seit etwa 1977 hat Swami sowohl mit dem Vibhuti *Abhishek* als auch mit dem *Lingodhbhav* aufgehört. Er hält einen Göttlichen Vortrag und beendet ihn üblicherweise mit einem Bhajan. Seine Studenten stimmen ein und fahren mit dem Bhajansingen fort bis zum nächsten Morgen. Am nächsten Tag kehrt Swami zurück, um Seine Devotees mit einem weiteren Vortrag und der Verteilung von *Prasad* zu beschenken.

Die wichtigste Feierlichkeit im März beziehungsweise April ist das Ugadi-Fest. Es ist das Neujahrsfest für alle Telugu sprechenden Menschen. Seit einigen Jahren ist Swami zu diesem Festtag immer in Whitefield. Während Seines Vortrages erläutert Swami die Bedeutung der im kommenden Jahr zu erwartenden Ereignisse. Ram Navami folgt kurz nach Ugadi. Dieser Tag wird im Gedenken an Gott Rama verbracht und in Würdigung der wichtigsten Ereignisse Seines Lebens und ihrer geistigen Bedeutung.

Der 6. Mai ist der Easwaramma Tag. An diesem Tag versammeln sich Devotees am *Samadhi* von Swamis Eltern, um den biologischen Eltern der gegenwärtigen Göttlichen Inkarnation zu huldigen. Auch die Speisung einer großen Anzahl von Armen findet an diesem Tag statt. Ende Juni oder Anfang Juli ist *Guru* Purnima. Das Datum wechselt, je nachdem, wann Vollmond ist. An diesem Tag legen alle spirituellen Aspiranten ihre Ehrerbietung ihrem Guru zu Füßen. In diesem Zeitalter haben wir das große Glück, daß der Göttliche gekommen ist, um unser *Sadguru* zu sein. Er Selbst ist der Eine, der uns über den Ozean des Lebens führt, damit wir mit Ihm verschmelzen.

Krishna Janmashtami, die Feier des Geburtstages von Gott Krishna, fällt normalerweise auf Ende August. Kühe werden in einer Prozession vom Gokulum, der Molkerei, zum Prashanti *Mandir* geführt. Reich geschmückt werden sie zu Swami gebracht. Er füttert sie dann persönlich, in Erinnerung an die Tage, als Krishna mit Seiner Herde in Gokul gespielt hat. Kurz darauf, an Ganesh Chathurthi, trägt eine Gruppe von Studenten in einer Prozession Statuen des Gottes Ganesha. Drei Tage später werden diese Statuen normalerweise im Wasser eines nahe gelegenen Flusses oder eines Brunnens versenkt. Man sagt, daß Ganesha auf einem Unterwasserweg zu Seiner Heimstatt zurückkehrt.

Das Neujahr von Kerala, Onam, fällt ebenfalls in diese Jahreszeit. Es wird mit dem Vamana *Avatar* in Zusammenhang gebracht. Der Vamana *Avatar*, der die Gestalt eines jungen *Sadhu* angenommen hatte, bat König Bali, einen tugendhaften und edlen Herrscher, um ein Stück Land. Das Land, um das er bat, sollte in nur drei Schritten abgemessen werden. Bali willigte ohne weiteres ein, da er von einem nur drei Schritt großen Stück Land ausging. Vamana verwandelte sich in einen Riesen und machte einen Schritt über die ganze Erde und einen zweiten über den gesamten Himmel. König Bali erkannte die Göttlichkeit und bot seinen Kopf für den dritten Schritt an. Diese Geschichte symbolisiert die völlige Hingabe des Individuums, um die Gnade des Herrn zu erlangen.

Im September oder Oktober folgt Navratras mit Vijaya Dashmi. An diesem Tag werden die Muttergottheiten verehrt: Durga, Lakshmi und Saraswati, die Verkörperungen von Stärke, Wohlstand beziehungsweise Wissen. Im Laufe von neun Tagen werden täglich *Yajnas* von gelehrten vedischen Pandits und Priestern durchgeführt. Am letzten Tag pflegte Swami früher Poorna Ahuthi zu vollziehen; Er materialisierte gelben Reis und Edelsteine, *Navratnas*, und warf sie in das Heilige Feuer. Vijaya Dashmi ist der Tag, an dem Rama über Ravana siegte, und er symbolisiert so den Triumph des Guten über das Böse, der Tugend über das Laster. Er ist auch Simollanghan, was wörtlich übersetzt „die Linie überschreiten" bedeutet – gemeint ist, daß die Seele die physischen Grenzen des Körpers überschreitet. An diesem Tag hatte Shirdi Baba Seinen Körper verlassen.

Deepavali, das Lichtfest, findet im Oktober in einer Neumondnacht statt. Swami verteilt Knallfrösche an Seine Studenten und zündet sogar Selbst welche an. Damit bringt Er allen, die zuschauen, *Ananda*.

Vom 19. bis zum 24. November finden die Feierlichkeiten in Zusammenhang mit Swamis Geburtstag statt. Der Jahrestag Seiner Geburt erinnert uns an das größte Ereignis der Geschichte: die Ankunft des *Avatar*, der Göttlichen Inkarnation. Die ganze Natur und die Menschheit verbeugen sich vor der Göttlichkeit. Swami kommt in Seinem Wagen, beide Hände zum Segen erhoben. Tausende von Armen werden von Bhagawan Selbst gespeist und eingekleidet. Am Abend wird ein Kulturprogramm von Swamis Studenten und Bal-Vikas-Kindern aus den angrenzenden Staaten veranstaltet. Alle zwei Jahre findet eine gesamtindische und alle fünf Jahre eine internationale Konferenz statt. Devotees versammeln sich, um sich über die Fortschritte innerhalb der weltweiten Sai Organisation auszutauschen. Am Tag vor Swamis Geburtstag, am 22. November, findet die Abschlußfeier der Universität statt. Im Gegensatz zu anderen Abschlußfeiern gibt es keine besonderen Einladungen, alle sind willkommen. Der Göttliche Kanzler erteilt Seinen Segen und überreicht den Absolventen die Abschlußzeugnisse. Von jetzt an ist der 22. November auch der Tag der Einweihung des Sri Sathya Sai Institute of Higher Medical Sciences, einer unvergleichlichen Einrichtung. Bhagawan ist bestrebt, die Menschheit durch Medizin und Ausbildung auf eine höhere Stufe zu bringen, und beides **völlig kostenlos.** Die Erziehung ist vom Kindergarten bis zum Universitätsabschluß vollständig kostenfrei. Und Tausende wurden bisher gratis in den Abteilungen für Kardiologie und Urologie/Nephrologie behandelt. Weiteren Millionen wird noch geholfen werden, wenn die Abteilungen für Neurologie und Onkologie eröffnet sind.

Weihnachten, der Geburtstag von Jesus Christus, ist der Feiertag im Dezember. Am 24. Dezember singen ausländische Devotees zur Freude aller Weihnachtslieder und Bhajans. Am frühen Morgen des 25. Dezember singen die Devotees Kirchen- und Weihnachtslieder bei Kerzenschein. Der *Avatar* unserer Zeit, gekleidet in leuchtendes Weiß, gibt von Seinem Balkon aus *Darshan* und segnet alle miteinander.

Was ist ein festlicher Anlaß? Ein Tag, an dem große Menschen geboren werden oder schlechte Menschen ihre Laufbahn oder ihr Laster beenden. Wenn die Tugenden wachsen und das Laster aufgegeben wird, muß man einen Festtag daraus machen.

„Sathya Sai"

Nachwort

Geliebte Leser dieses Göttlichen Nektars ...

In aller Demut und Ernsthaftigkeit habe ich versucht, all das, was ich in den vier Jahrzehnten hier auf Erden erlebt habe, mitzuteilen. Nur Swami weiß, wie lange ich noch in diesem physischen Körper verbleiben werde, der nur Ihm gehört. **Jeder meiner Atemzüge und jeder meiner Herzschläge gehört Ihm allein.** An keiner Stelle sollte irgend jemand den Eindruck gewinnen, ich sei eine bedeutende oder außergewöhnliche Person. Ich bin nur ein demütiger Diener von Bhagawan, den Er in Seiner grenzenlosen Gnade gesegnet und als Sein winziges Werkzeug für die Ausführung der Göttlichen Befehle eingesetzt hat.

Ich habe dieses Buch einzig in der Absicht geschrieben, den Lesern einen kurzen Einblick in die Majestät und Herrlichkeit des Göttlichen zu ermöglichen. *Noch nie ist ein so liebevoller und fürsorglicher Avatar auf diese Erde herabgestiegen.* Er hat uns allen die Chance gegeben, Ihm zu dienen, Ihn zu lieben, Ihn zu ERFAHREN. Laßt uns diese goldene Gelegenheit nicht verpassen, die niemals wiederkehren wird.

Ich bete zu Bhagawan, daß Er uns allen und unserer Mutter Erde weiterhin Seine Gnade zufließen läßt, damit wir wieder frei von Schmerzen sind. Möge Swamis Heiliger Name aus jedem einzelnen menschlichen Herzen strömen und strahlen als reine LIEBE ... LIEBE ... LIEBE ...

GLOSSAR

Aarti	–	Schwenken von brennendem Kampfer oder Licht vor Gott
Abhishekam	–	baden
Adharma	–	Unredlichkeit
Ahimsa	–	Gewaltlosigkeit
Amritha	–	Göttlicher Nektar
Ananda	–	Glückseligkeit
Angavastram	–	Stück Tuch, das um den Hals gelegt wird, um jemanden zu ehren
Atma	–	Seele oder inneres Wesen
Avatar	–	Inkarnation Gottes
Bal Sabha	–	ausführendes Organ der Studenten
Bangaru	–	golden; ein Ausdruck der Zuneigung
Beta	–	Sohn
Beti	–	Tochter
Bhabi	–	Frau des Bruders; ein Ausdruck des Respekts
Bhaktha	–	Devotee, Anhänger
Bhakthi	–	reine, hingebungsvolle Liebe zu Gott
Bhayya	–	Bruder

Buddhi	–	Intellekt
Burfi	–	indische Süßigkeit, die aus Milch hergestellt wird
Chappals	–	Schuhwerk
Darshan	–	Anblick von jemandem, üblicherweise der Anblick eines Heiligen
Dharma	–	Pflichterfüllung; Rechtschaffenheit
Dhoop	–	eine Art Weihrauch
Didi	–	Schwester
Gita	–	Heilige Schrift der Hindus
Gopika	–	Gott Krishnas Spielgefährtinnen in der Kindheit
Guru	–	Lehrer; Führer zu spiritueller Befreiung
Gyan	–	Intellekt
Japa	–	beständige Wiederholung eines Namens
Jhoola	–	Wiege
Jija Ji	–	Ehemann der Schwester
Jyoti	–	Flamme
Kala	–	Attribut, Eigenschaft
Kama	–	Verlangen der Sinne
Kangan	–	goldene Armbänder
Karma	–	Handlungen und deren Auswirkungen

Kheer	– ein Pudding aus Reis, Milch und Zucker
Khoya	– eine Süßigkeit aus Milch
Krodha	– Zorn, Ärger
Leelas	– Göttliche Spiele oder Wunder
Lingam	– Heiliges Objekt von ovaler Form, das Shiva-Shakthi darstellt
Lobha	– Gier
Lohri	– ein indisches Fest
Lokas	– Welten
Mada	– Überlegenheitskomplex; Stolz
Maha Yogi	– Weiser von höchstem Range
Mandir	– Tempel
Mangal Sutra	– ein glückbringender Goldschmuck, der nur von verheirateten Frauen um den Hals getragen wird
Matsarya	– Eifersucht
Maya	– Illusion oder Täuschung
Moha	– Bindung
Moksha	– Befreiung
Naam	– Name
Namaskar	– ehrerbietige Begrüßung
Navratnas	– neun kostbare Steine
Omkar	– Wiederholung des Urlautes „Aum"

Padnamaskar	—	Berühren der Lotusfüße in Ehr-erbietung
Pad Seva	—	Drücken der Füße
Padukas	—	Pantoffeln
Pakoda	—	salziger Imbiß, zubereitet aus ge-bratenem Gemüse in einem Mantel aus Kichererbsenmehl
Pranams	—	sich jemandem zu Füßen werfen
Pranava	—	Urlaut „Aum"
Prasad	—	Lebensmittel, die Gott dargeboten und dann von Devotees gegessen werden
Prema	—	höchste Form der reinen Liebe
Puranas	—	Hinduschriften
Rotis	—	Brote aus Weizenmehl
Sadguru	—	höchster Lehrer; Göttlicher Lehrer
Sadhaka	—	spiritueller Aspirant
Sadhana	—	spirituelle Disziplin
Sadhu	—	Heiliger
Sakshat	—	offenbaren
Samadhi	—	tiefe Meditation; auch: Grabstätte einer Person, die den Zustand des Samadhi erreichte
Sambhashanas	—	Vortrag
Samithi	—	örtliche Organisation von Sai Devotees

Samsara	–	die Welt
Sankalpa	–	Göttlicher Wille
Sankirtan	–	gemeinschaftliches Singen des Namens des Herrn
Sathya	–	Wahrheit
Seva	–	selbstloses Dienen
Seva Dal	–	jemand, der selbstlos dient
Shakthi	–	Göttliche Energie
Shanti	–	Friede
Sparshan	–	berühren
Suprabhatam	–	frühmorgendliche Gebete und Begrüßung des Herrn
Tapasvi	–	ein hochentwickelter Weiser
Tilak	–	zinnoberrotes Mal, das auf die Stirn aufgetragen wird
Vaikunta Dham	–	die Wohnstätte von Gott Vishnu
Veden	–	Hinduschriften
Vedische Mantren	–	Hymnen aus Hinduschriften
Yajnas	–	Heiliges Feuer